COMO LÁGRIMAS NA CHUVA

SSM
EDIÇÕES
2020

FONTES:

As citações Bíblicas foram extraídas da tradução de Almeida, Edição Revista e Corrigida. Da Bible Software - The Word.

Silmar Silva Moreira

COMO LÁGRIMAS NA CHUVA

1ª EDIÇÃO
EDIÇÃO DO AUTOR
Ji-Paraná/RO
2020

Publicação Independente por
Silmar Silva Moreira

Revisão
Rosélia Soares Araújo

Capa
SSM Edições

Foto da Capa
Canva.com

Ficha Catalográfica elaborada pelo autor.

MO 835 Moreira, Silmar Silva, 1961-

    Livro:Como Lágrimas na Chuva/Silmar Silva Moreira/
imagens: Canva.com; Arte da capa: SSM Edições; 1.Ed.
Ji-Paraná/RO; Edição Independente, 2020.
200 P; 14 x 21 cm.

    Contém Galeria de Fotos
    ISBN: 978-65-00-01559-1

1. Quando se deseja ter Filhos. 2. Amigos mais chegados que
  Irmãos.
      I Título.

CDD 920.9
CDU 82-94

1ª Edição - 2020
Todos os Direitos Reservados ao Autor
e-mail: Silmar.moreira@hotmail.com
Rua Castanheira, 2402 Bairro Nova Brasília
CEP 76908-658 Ji-Paraná - RO

Título:
Como Lágrimas na Chuva

Copyright© - 2020 by Silmar Silva Moreira
Publicado originalmente pelo Autor.

Publicação Independente
Rua Castanheira, 2402 Nova Brasília Ji-Paraná/RO
CEP: 76908-658

Fones: (69) 98469-2453 e (69) 3424-2606

DEDICAÇÃO

Ao Pai Celestial, nosso Senhor e Salvador Jesus Cristo e ao seu Santo Espírito, pela graça, o amor, a misericórdia, a sabedoria e o suprimento com os quais nos sustentaram, nos dando força e resistência para um cuidado tão cheio de detalhes, e nos fortaleceram para que pudéssemos praticá-lo com tanto amor e humanidade.

À todos os amigos, irmãos de fé, parentes e profissionais, que direta e indiretamente nos auxiliaram, ajudaram e abençoaram nos dando apoio, força e sustentação para o cuidado com o nosso amado filho, o que lhe proporcionou conforto e qualidade de vida.

SUMÁRIO

PREFÁCIO

Honra-me ser indicado pelo autor de tão nobre obra, *Silmar Silva Moreira*, para falar sobre seu lindo conteúdo; Quem é *Silmar,* o autor? É o pai de Judá, homem simples, cheio de Deus, que soube nortear tais fatos e reunir forças para tão grande obra literária.

Lágrimas na chuva, não se veem com facilidade, pois a água da chuva esconde as lágrimas reais; *"Lágrimas na chuva"* esconde a realidade vivida dia a dia, com nosso querido Judá, onde sua vida é retratada em parte, cuja obra indico, para que todos a leiam e passem a saber quem foi Judá! Obra esta, inserida, no seu caráter. Judá sofria de uma doença grave: Distrofia Muscular de Duchenne - DMD, doença Degenerativa e progressiva; mas nunca reclamou, sofreu muito, mas nunca odiou, ao contrário, sempre amou.

Judá, neste livro, mesmo após sua morte, nos levará a fazer várias e necessárias reflexões, sobre nós mesmos, as nossas vidas e a nossa morte;

Esse prefácio é escrito em prantos, não por tristeza, mas pela saudade e pelo privilégio de conhecer e conviver com pessoas tão nobres: JUDÁ e sua família.

Aqui, Srs. leitores, através desta leitura, serão agraciados, e terão também este tão grande privilégio, o qual vivenciei.

12

Dr. Jobeci Geraldo dos Santos

INTRODUÇÃO

á uma frase que gosto muito, que diz: "Quem vê de longe não sabe!" Seu significado mostra que aqueles que estão alheios aos fatos relacionados com a história de alguém, não sabe dos sofrimentos, das angústias, das lutas, das agonias, dos soluços e dos choros; conseguem apenas ver aquilo que contemplam no exterior das pessoas, mas não conseguem enxergar o que vem do seu interior.

Falo isso, para explicar o título deste livro: "COMO LÁGRIMAS NA CHUVA". Aqui relato uma fase da minha biografia, são retalhos da história, fatos relacionados à minha família a partir do nascimento do nosso filho. Tivemos um filho, que nasceu com uma patologia genética chamada: Distrofia Muscular de Duchenne, uma doença genética, degenerativa progressiva, que descobrimos por volta dos seus 5 anos, a partir de então começou a nossa luta contra um inimigo tão agressivo, que todos os dias atuava com a sua degeneração progressiva.

Esse título é uma frase, que denota bem o que passamos; lutamos ardorosamente contra esse cruel inimigo, víamos sua atuação diária, tão hostil e agressiva, quanto um predador. Todas as pessoas que nos conhecem, que puderam ver tanto de perto quanto de longe, jamais conseguiram compreender o que passamos e sentimos. Cada momento vivenciado nos dava uma experiência tal, que muitas vezes tínhamos que suportar, mesmo sabendo que poderia ser impossível, mas o Senhor sempre nos sustentou em cada detalhe.

Como Lágrimas na Chuva, é o sentimento que nos sobrevinha a cada luta, cada dor, cada apreensão. Aqueles que nos acompanharam e alguns que até nos auxiliaram, jamais conseguiram ver as lágrimas que vertíamos, pois quando alguém chora debaixo da chuva, só dá para perceber que chora, pela expressão facial, porque suas lágrimas se confundem com o fluxo de águas da chuva torrencial que lhe cai ao rosto, no nosso caso, mesmo chorando, nossas lágrimas não eram apoiadas por uma face de pranto, mas eram ocultadas por uma expressão de alegria, por sabermos que ainda que fosse difícil, tínhamos do Senhor a força e a alegria para podermos continuar lutando.

Às vezes, é difícil e em alguns momentos, parece nos faltar forças e nos sentimos enfraquecidos por tanto labor, mas cada momento nos legava detalhes que só nós podíamos vivenciar e em todos eles ecoava nos nossos corações aquela abençoada palavra de Deus dada ao apóstolo Paulo: *"A minha graça te basta! (II Co.12:9).* Prosseguíamos fortalecidos e mais aguerridos, sabendo que o Senhor sempre estava ali como nosso escudo, nosso suporte, nosso porto seguro.

Como Lágrimas na Chuva, é a definição clara de uma face que chora, sem a devida expressão de pranto, podendo em seu lugar externar uma face de alegria, a típica performance, daqueles que tem sua esperança no Senhor, pois como bem disse a sua Palavra: *"... Portanto, não vos entristeçais, pois <u>a alegria do Senhor é a nossa força</u>"* (Ne.8:10). Somente por meio dela, podemos suportar as agonias de um coração que sangra ante as múltiplas agressões que lhe sobrevém. Não posso omitir que em meio a tantas lutas, labores, tantas pelejas e provações, vivenciamos momentos ímpares de muita alegria, pois embora tendo que lidar com uma situação tão complexa, o Pai Celestial nos supriu em tudo. Sabíamos que Ele estava todo o tempo no controle e quanto a nós, fora o bastante descansar nEle, pois a sua Palavra é clara quando nos diz: *"Lançando sobre Ele toda a vossa ansiedade porque ele tem cuidado de vós"* (I Pe.5:7). Experimentávamos a atuação desta palavra diariamente em nossas vidas, pois depender do Senhor fora crucial para chegarmos onde conseguimos chegar. A nossa função era apenas descansar e nos alegrar, mesmo em meio a dores, indecisões e turbulências; era prático em nossas vidas exercer o que diz as Escrituras: *"Alegrai-vos sempre no Senhor, outra vez digo alegrai-vos no senhor"* (Fp.4:4).

Houve momentos em que parecia não haver forças, nossos corações eram tomados por alguns sentimentos de completa exaustão, mas orávamos ao Senhor, buscando

Resistir, falávamos com o nosso Pai Celeste, então nossos corações eram animados, pois afinal, era uma luta só nossa, no coraçãozinho do nosso filho havia a segurança de que nós, seus pais, sempre íamos conseguir; seu olhar era de gratidão e jamais houve em seu coração qualquer sentimento de murmuração. E em nós havia a postura aguerrida e o ecoar das palavras de Paulo: *"Em tudo somos atribulados, mas não angustiados; perplexos, mas não desanimados; perseguidos, mas não desamparados; abatidos, mas não destruídos;(II Co 4:8-10).*

Como Lágrimas na Chuva, é a metáfora mais coerente com a expressão de um pranto ocultado por uma face com expressão de alegria enquanto sangra o coração, pela certeza de que na extensão de todo o cenário há um Deus, nosso Pai Celeste, o qual está no controle de todas as coisas manifestando a sua vontade cheia de bondade, amor, graça e misericórdia para com seus filhos.

Foi exatamente assim, que aconteceu conosco, o nosso coração teve repouso nas palavras: *"E sabemos que todas as coisas juntamente cooperam para o bem daqueles que amam a Deus, daqueles que são chamados segundo o seu propósito"* (Rm.8:28).

Silmar Silva Moreira.

1.

QUANDO SE DESEJA TER FILHOS

lém de ser uma ordem estabelecida na criação, ter filhos é o desejo de todos aqueles que se casam. É o complemento para as famílias de todos aqueles que de fato podem testemunhar a mudança que acontece em suas vidas, quando surgem os filhos, eles se tornam a atração principal, toda a atenção se volta para eles. Já no início (no nascimento) eles nos ensinam a sermos pais, costumo dizer que um homem só sabe o valor que tem um pai, quando ele se torna pai; esse é o aprendizado da vida, os filhos começam nos ensinando, pois através desse aprendizado diário é que ficamos sabendo o que significa amar incondicionalmente, sermos abnegados, abrirmos mão de sermos o primeiro para sermos o segundo, aprendemos de fato o que é renunciar. Todos esses sentimentos passam a fazer parte do nosso cotidiano e nem nos damos conta de que para expressar tais sentimentos, nós nem fazemos força, pois está intrínseca em cada ser humano a capacidade inata do exercício da paternidade. A Bíblia afirma que eles são um presente do Senhor, uma grande recompensa dada por Ele, são herança de Deus para os pais; veja o que diz o salmista:*"Eis que os filhos são herança do Senhor, e o fruto do ventre, o seu galardão. Como flechas na mão do valente, assim são os filhos da mocidade. Bem-aventurado o homem que enche deles a sua aljava; nao serão confundidos, quando falarem com os seus inimigos à porta"* (Sl.127:3-5).

Quando temos filhos, passamos a entender mais acerca do amor de Deus e conseguimos ver a sua paternidade com maior compreensão, todas as vezes que procuramos avaliar o amor de Deus como pai, para conosco como seus filhos, concluímos que o Senhor vai muito mais além, nós temos nossas limitações, mas o Senhor não, Ele é aquele que sempre faz infinitamente mais. Jesus quando se apresentou ao mundo, teve a missão de nos apresentar o Reino de Deus e nos trouxe uma mensagem toda permeado pelo amor, a compaixão e a misericórdia, mensagem esta que tinha como objetivo apresentar Deus, não somente como Deus, Criador, Rei e Senhor, mas também como PAI. Jesus nos ensinou a pedir ao pai com insistência, ao ponto de ter apresentado tal discurso em três parábolas: A parábola do amigo insistente, (Luc.11:5-9), a parábola do juiz incompassível (Lc.18:1-8) e a parábola da paternidade (Mt.7:7-11). Perceba que o Senhor finaliza o seu discurso dizendo: *"Se, vós, pois, sendo maus, sabeis dar boas coisas aos vossos filhos, quanto mais vosso Pai, que está nos céus, dará bens aos que lhe pedirem?" (Mt.7:11).*

Toda essa argumentação que apresento é para mostrar que Deus é o maior modelo de Pai, e que a partir desse excelente modelo, nos dá a matriz para o nosso modelo humano de sermos pai.

A minha experiência foi extraordinária, pude experimentar em cada ação, cada atitude, o quanto foi maravilhoso, cuidar de um filho nas condições daquele que Deus me dera, tive que aprender sobre a renúncia, o desprendimento, a abnegação, o amor e tantas outras virtudes, que me pareciam impossível exercitar, mas como dizem, na linguagem usual no meio cristão: A vontade de Deus não nos levará onde a sua graça não conseguirá nos alcançar; posso afirmar que experimentei em cada momento uma medida de graça dada por Deus.

Eu e a minha esposa, após sete anos de casados, planejamos ter um filho. Em meados de janeiro de 1998 a minha esposa concebeu, durante toda a sua gravidez, orávamos e pedíamos a Deus, que nos desse um filho ou filha saudável, orávamos e prometíamos ao Senhor que o criaríamos na disciplina e admoestação do Senhor. Sei que a preocupação de qualquer pai e mãe, principalmente nos dias atuais é a saúde do seu bebê, por causa do surgimento de tantos casos de doenças congênitas[1] genéticas e até hereditárias[2]. Conosco não foi diferente, nosso filho nasceu

---

1-aquela que, independentemente da sua causa, já se apresenta por ocasião do nascimento, podendo ser detectada antes disso, isto é, durante o desenvolvimento embrionário, ou a qualquer tempo, após o nascimento. O termo '**congênito**' não é sinônimo de 'hereditário'.

2-Pode parecer que é a mesma coisa, mas certamente não é. Doenças genéticas e hereditárias **são** essencialmente diferentes. O primeiro caso se dá devido a um distúrbio, dano ou erro no material genético (genes). E isso pode ser causado por fatores que nem se imagina ao longo da vida como estresse, má alimentação, infecções e radiação. Já a doença hereditária, como pressupõe o nome, é uma herança genética transmitida entre gerações, de pais para filhos.

em 11 de Setembro de 1998, nos encheu de alegria, sentíamos naquele momento a realização que alguém poderia ter, foi algo tão eletrizante que, me faltam palavras para explicar o estado de euforia que nos acometeu naquele momento, sentimos uma transformação total em nossas vidas e em todo o ambiente da família; verdadeiramente naquele momento nós estávamos experimentando com toda precisão o significado da expressão: "presente de Deus", o total em nossas vidas e em todo o ambiente da família; o que definiu a real importância daquele evento para nós, que mudou completamente as nossas vidas e toda a nossa rotina. Eu e a minha esposa, havíamos combinado que se fosse menina ela lhe poria o nome, se fosse menino eu lhe poria o nome. Tivemos então um menino, dei-lhe o nome de JUDÁ, pois tomei como propósito que o nosso filho seria um instrumento de louvor e exaltação a Deus, pois este é o significado do nome de um dos príncipes de Israel. Judá que quer dizer: יהודה **Yehuwdah** Judá = "louvado", "glorificado" ou "exaltado". Este nome seria uma derivação da expressão **hebraica** Yah hu Dah, que era considerada uma exaltação de agradecimento à Deus.

Lendo nas Escrituras, vi um versículo, que por um momento desejei desenhar na parede do quarto preparado para ele, fazendo uma modificação, percebi que a mãe do Judá, filho de Jacó se chamava Léia, e o versículos diz assim: *"Léia ficou grávida mais uma vez e teve outro filho. A esse deu o nome de Judá e disse: — Desta vez louvarei a Deus, o Senhor. Depois disso não teve mais filhos"* (Gn 29:35). A minha transcrição ficaria assim: *"Néia ficou grávida e teve um filho. A esse deu o nome de Judá e disse: — Desta vez louvarei a Deus, o Senhor. Depois disso não teve mais filhos."* Só depois, bem mais tarde, percebi que essa palavra soava quase como uma profecia, mas me calei e apenas guardei em meu coração.

2.

AMIGOS MAIS CHEGADOS QUE IRMÃOS

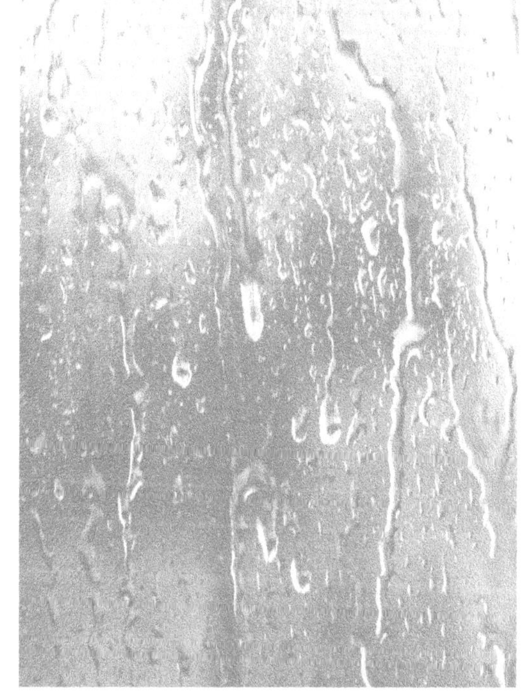

Não há como contar uma história, sem mencionar os bons amigos que fizeram parte dela, amigos que sempre estiveram ao nosso lado nos melhores e nos piores momentos, amigos que nos cediam seus corações, prontos para sentirem as nossas dores. Para esses, o sábio Salomão separou uma pequena, mas generosa palavra quando diz: *"O homem que tem muitos amigos pode congratular-se, mas há amigo mais chegado do que um irmão." (Pv.18:24).*

A nossa história se completa com a história de alguns amigos, que são esses mais chegados que irmãos. Relaciono aqui, com muita alegria e muito emocionado cinco famílias: As famílias de Edmar e Eliane (nossos pastores), Jobeci e Eliane (nossos companheiros de obra), Venâncio e Lúcia, Adilson e Áurea e José Carlos e Débora (nossos discípulos).

Edmar e Eliane, esses que sempre nos ajudaram a caminhar, nos ensinando sempre que o maior desafio da vida é continuar olhando para o alvo (Jesus) e buscar diligentemente ser parecido com ele. Seus cuidados para conosco sempre foram de pais para com seus filhos e sempre nos sentimos muito amados por eles.

Um fato muito marcante, relacionado a esses irmãos, foi no aniversário de oito anos do meu filho, na ocasião, não estávamos muito bem financeiramente, por isso não seria possível fazermos festa de aniversário naquele ano.

Tivemos uma surpresa, Edmar e Eliane promoveram uma festa com direito a painel, confetes e guloseimas. Uma grande expressão de amor.

Jobeci e Eliane, nossos companheiros de obra, irmãos, amados, generosos, que sempre ombrearam conosco as dificuldades, os labores da obra e nos deram sempre o prazer da amizade, do amor mútuo e da generosidade. A nossa história sempre foi muito cheia de programações e alegrias, ao mesmo tempo em que fazíamos a obra, nos divertíamos com as seções de cinema, as idas às pizzarias, lanchonetes e churrascarias. Preciosos irmãos, que amamos profundamente e sempre foram um esteio para nós. Uma grande expressão de amor, foi quando o meu filho foi para a UTI, na capital. Eu não tinha condições emocionais, para administrar qualquer situação, o Jobeci, tomou conta da situação; levou-nos em seu carro, acompanhando de perto a ambulância, ficou conosco vários dias, providenciou tudo o que fora necessário para nos suprir naquela situação, levou a igreja da nossa casa para nos visitar por duas vezes, providenciou a nossa mudança para o apartamento que ganhamos de um amigo, para morarmos o tanto de dias que fora necessário e inclusive providenciou o nosso retorno, pois o Judá teria que vir de avião e deitado. Ele conseguiu com o governador do Estado o avião do exército que levou para casa a minha esposa e o meu filho. Ele foi simplesmente o máximo!

Venâncio e Lúcia, nossos primeiros discípulos, nossos filhos na fé, como foi bom conhecê-los, cuidamos deles desde a sua conversão, até o momento em que foram remanejados para outros discipuladores. A história das nossas famílias se funde, por causa dos nossos filhos. Seu segundo filho (Marco Antônio), nasceu em 20 de Abril de 1998, Judá, nosso filho, nasceu em 11 de Setembro de 1998, desde então, cresceram juntos, nossas famílias cresciam no amor e na amizade mútua. Estávamos o tempo todo juntos e isso estreitou sobremaneira a amizade do Judá e Marco Antônio, havia em seus corações um amor e amizade recíprocos, cresceram sendo ensinados a amarem o Senhor e se tornaram grandes amigos, uma amizade parecida com a de Jônatas e Davi, quando a palavra diz: *"E Jônatas e Davi fizeram aliança; porque Jônatas o amava como à sua própria alma"* (I Sm.18:3). Era perceptível o prazer que o Judá tinha pela amizade do Marco Antônio, quando tinham oportunidade de estarem juntos, naqueles momentos em que nossas famílias se juntavam, eles vivenciavam cada minuto do tempo aproveitando ao máximo a companhia um do outro. Quando foram batizados, escolheram uma data que fosse viável para ambos. E assim fizeram, batizaram-se no mesmo dia.

Quando demos entrada na internação do Judá na UTI, esses amados estavam também ali conosco, lembro-me de quando tive a minha primeira conversa com a coordenadora da UTI, a Drª Suzana Bosch, que depois se tornou nossa grande amiga, ela havia dito que naquelas condições em que o meu filho estava, e devido a patologia que tinha, era quase certo que não iria resistir. Voltei para a casa do irmão Jonas, ali estavam o Venâncio e a Lúcia, quando falei o que a médica havia me dito, em tom muito emocionado, eles caíram no pranto junto comigo, ali na cozinha daquela casa. Eles estavam praticando literalmente o que diz a palavra: Chorar com os que choram. Foi uma grande experiência ver a cumplicidade desses amados.

Adilson e Áurea, outra família de discípulos, relacionados a nós e que foram muito participantes em nossas vidas, fomos seus discipuladores por algum tempo e pudemos ver neles a decisão de amar e servir; nossas histórias, também se fundem na pessoa de uma alma fantástica, sua filha Jéssica, se tornara a irmã que o Judá não tinha, sempre amiga, amorosa, generosa e sempre disponível, cuidou do Judá desde que era bebê, até o seu último dia. Quando foi para decidir sobre os seus estudos com relação ao seu curso superior, havia dito a seu pai que iria escolher enfermagem e um dos motivos era para cuidar do Judá. Não vou delongar nos relatos da sua história, porque separei um capítulo inteiro narrado por ela para falar sobe sua amizade com o Judá.

José Carlos e Débora, outra família de discípulos que cuidávamos, uma família que sempre nos ajudou, foram sempre muito presentes em nossas vidas. Todas as vezes que viajávamos, estavam sempre prontos para nos levar ao aeroporto e buscar, não importando que horário fosse; muitas vezes era nas madrugadas ou bem tarde da noite. Suas filhas (Ingrid e Iasmim), sempre prontas para ajudar e participar de todos os eventos relacionados. Na ocasião havia também a presença de duas irmãs (Ângela e Poliana), que participavam com muita alegria e generosidade.

É verdade que se fosse para narrar todos os fatos relacionados com essas famílias, tão amigas, tão generosas, tão amáveis; não haveria quantidade de livros para comportar os relatos, mas o pouco que relato aqui, mesmo que apenas um prólogo de cada uma dessas histórias, é a minha expressão de gratidão a todos eles, por terem sido tão participativos e generosos para conosco.

Amigos mais chegados que irmãos, é uma frase que define muito bem esses amigos, aliados, cúmplices e irmãos verdadeiros. Sei que tiveram outros irmãos de fé, que nos abençoaram; a igreja sempre teve um papel importantíssimo em nossas vidas, mas cito aqui, aqueles episódios e pessoas que nos marcaram. As cinco famílias citadas anteriormente, sempre foram muito presentes em nossas vidas, mas não poderia deixar de falar de outra família, a Lú e suas filhas Luana e Letícia. Quando voltamos da UTI, para casa, elas foram nos visitar e prontamente procuraram saber em que podia nos ajudar. Vi a disposição delas ajudando a minha esposa, a Lú passando as roupas e as meninas ajudando na cozinha. Aquela cena me impactou, me marcou, a partir daí os nossos vínculos aumentaram e ficamos muito amigos. Chegados como irmãos. As suas filhas para mim são como se fossem minhas filhas. Passou a existir entre nós um grande laço de amor, amizade e consideração mútua.

Sua grande amiga Marina e seu amigo Gabriel, sempre o visitavam e faziam programações, assistiam filmes, séries e estavam sempre confraternizando. Quero declarar a minha gratidão a Marina e a seus pais que sempre a liberavam para que viesse estar com ele, foi uma amiga excepcional, que nos marcou com seu amor e generosidade.

Marco Antônio, o amigo do peito do Judá, teve que se ausentar da cidade para estudar. Deus providenciou outro grande amigo; o Yuri, amigo que o meu filho passou a ter muita consideração, tinham prazer de estarem juntos. Para ele o Judá se tornou um amigo muito especial sempre estavam fazendo programações, curtindo os jogos, as idas ao cinema, as noites em que ele vinha para dormir na minha casa e ficar até altas horas jogando com o Judá (que sempre dormia muito tarde devido a sua patologia). O Yuri foi também, para ele um amigo mais chegado que um irmão. Inclusive, sentiu muito pela morte do Judá, sendo inclusive depois acometido por uma depressão.

Sou grato a Deus, por ter dado a ele e a nós amigos tão especiais, que nos abençoaram de todas as formas possíveis. Nisso a Bíblia tem razão, de fato há amigos que são mais chegados que irmãos. Nós somos testemunhas dessa verdade.

Dando ênfase a esses amigos, não estou de modo nenhum, deixando de considerar os nossos familiares, nossas famílias consanguíneas, todos sempre nos deram força e motivação para continuarmos, e de algum modo pediam a Deus por nossas vidas, por saberem do nosso labor. Sempre tivemos a certeza que, nesses casos, a família é a primeira a dar o suporte que precisamos. Destaco com gratidão a minha mãe, que sempre externou a sua preocupação e que ocultava as suas lágrimas, como nós, chorando na chuva. À minha irmã Simôa, a quem o Judá sempre pedia para fazer a comidinha especial que ele gostava, ao seu esposo Josué e a seus filhos José Henrick, Erick e o Patrick, que vinham algumas vezes estar com o Judá para jogar os games prediletos. À minha cunhada Ivani e seus filhos: Paulo Henrique, Luana e Luan, que nos primeiros anos da sua infância, faziam-lhe companhia brincando com scus brinquedos preferidos.

3.

UMA SURPRESA DESAGRADÁVEL

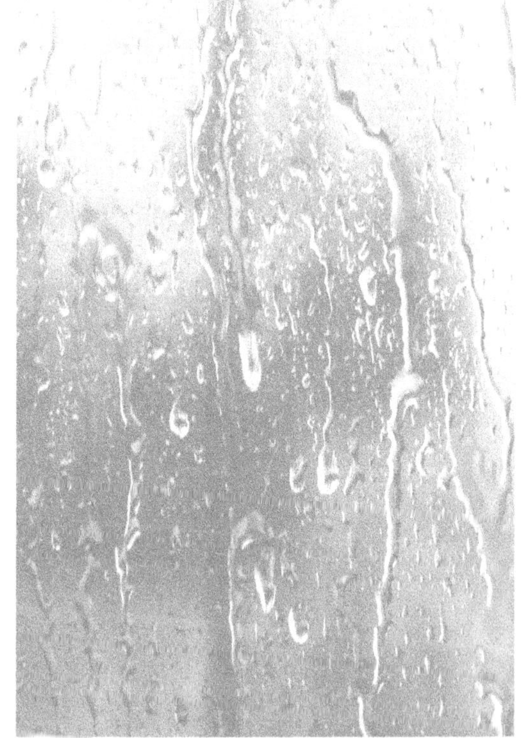

Seguindo a rotina como todos os pais com filhos, passamos pelas noites mau dormidas, por causa das cólicas, a bronquite e outras situações que comumente se passam com recém-nascidos. Certo dia, levamos o Judá ao pediatra, o qual examinando-o percebeu que ele tinha uma alteração importante no fígado, então, nos sugeriu que quando fôssemos a um grande centro, deveríamos investigar para sabermos o que provocava tal alteração. A princípio pensamos em Goiânia, foi então, que a minha esposa fez a primeira viagem com ele para tal exame, chegando lá, o médico admirado, pelo fato de que havia um aumento considerável nas enzimas, sugeriu à minha esposa que o melhor seria levá-lo a cidade de São José do Rio Preto no estado de São Paulo. A minha esposa fez também a primeira viagem com ele à Rio Preto e foram atendidos na FAMERP, por uma equipe médica que passou a acompanhar o seu caso. Os resultados dos exames, que sempre eram feitos, apontavam para algo parecido com hepatite tipo A, mas não evoluía para cirrose hepática. Algo que muito preocupava a equipe médica. Nessa cidade, conhecemos a igreja local e fomos hospedados por uma família de irmãos preciosos, Diego e Marisa, que nos receberam de braços abertos e nos ampararam todas as vezes que precisamos ir à Rio Preto.

Essa rotina perdurou por diversas viagens, até que um dia o médico solicitou que fosse feita uma biópsia do músculo, a qual fora feita e daí veio a surpresa desagradável. Judá foi diagnosticado com DMD, uma patologia genética degenerativa e progressiva, a chamada DISTROFIA MUSCULAR DE DUCHENNE. Para se ter uma ideia do problema que passamos a ter, quando o médico me deu a notícia, logo sugeriu que o lugar apropriado para buscarmos ajuda seria em São Paulo, no CENTRO DO GENOMA HUMANO, daí eu perguntei à ele: Doutor, e o problema no fígado? Ele me respondeu não se preocupe com ele, é "fichinha" perto desse outro problema. Fiquei assustado, pois embora não soubesse o que era a tal da DMD, a partir daquela fala, suspeitei que fosse algo muito grave.

Retornamos para Ji-Paraná, a nossa cidade, daí passamos a nos preocupar com a situação que agora tínhamos que lidar. Quero relatar um fato notório, que me levou a suspeitar que de fato o meu filho tivesse algo anormal com relação a sua saúde.

Levei-o para brincarmos de futebol no campo da chácara da igreja, naquele momento, me distanciei uns seis metros do meu filho e chutei a bola em sua direção, uma bola pequena de plástico e leve. Chutei-a com mais força do que devia, a qual se distanciou cerca de uns cinco metros atrás dele; percebi que não teve ânimo para buscar a bola, então eu disse: Filho, vai! Pegue a bola! Ele olhou para trás e disse: Ah! Pai pegue você, eu não vou pegar!

Chamei a sua atenção dizendo: Filho, não está longe, porque você não quis pegá-la? Ele simplesmente balançou a cabeça e não foi. Fiquei preocupado com aquela cena, pois sabia que qualquer criança normal, sairia correndo, mesmo que caindo, levantando, mas teria prazer em ir buscar a bola. Depois que recebi o diagnóstico, lembrei-me daquele episódio e conclui que naquela idade ele já tinha fraqueza nos músculos, por consequência da patologia, que na ocasião não sabíamos da sua existência.

Certo dia, o meu irmão de fé e companheiro de obra, Jobeci, assistiu no programa do Jô Soares, uma entrevista com a Drª. Maiana Zats, coordenadora do Centro do Genoma de São Paulo, a qual falava das experiências em curso, no Centro do Genoma, com células tronco embrionárias, para curas de patologias genéticas, sendo uma delas a DMD, então diligentemente, redigi uma carta e enviei ao Genoma, solicitando uma consulta para o meu filho. Alguns dias depois, recebi uma resposta positiva; marcamos a data e fizemos a nossa primeira viagem à São Paulo.

Fomos hospedados por uma família de irmãos preciosos, Roberto e Iracy, fomos muito bem recebidos por eles e por toda a igreja em São Paulo. Ao darmos entrada no Genoma naquele dia, fizemos primeiramente o aconselhamento genético, através do qual ficamos sabendo mais detalhes da patologia. Tivemos a informação de que as Distrofias Musculares tipo Duchenne (**DMD**) e tipo Becker (DMB) são degenerativas e a genética dessa patologia define as mulheres como portadoras de mutação no gene responsável pela produção de uma proteína(distrofina) e têm em cada gestação, 50% de chance de transmitir esta alteração a sua prole, o que significa que podem ter tanto um menino afetado (25%), como uma menina portadora (25%). Ou seja, o filho nasce com o diagnóstico e a filha nasce sem o diagnóstico, mas se torna portadora do gene defeituoso e perpetua a patologia.

A ciência define a Distrofia Muscular tipo Duchenne, como uma forma de distrofia muscular, de herança recessiva ligada ao X, é a mais frequente das distrofias musculares, e das doenças genéticas letais da infância, com uma incidência de 1/3.500 nascimentos do sexo masculino. É causada por mutações em um gene gigantesco que é responsável pela produção de uma proteína, a distrofina, localizada na membrana da célula muscular. Nos meninos com DMD, esta proteína está ausente (ou em quantidades muito reduzidas) o que causa uma degeneração progressiva da musculatura e uma fraqueza também progressiva. Os meninos afetados geralmente perdem a capacidade de deambulação com a progressão da doença. Junto com a perda da função, sobrevêm retrações e deformidades. Leva a um enfraquecimento progressivo e irreversível da musculatura esquelética dos indivíduos afetados, especialmente a musculatura dos membros inferiores e superiores, causando dificuldades na sua locomoção. Portanto, o portador de DMD, deve ser mantido sob tratamento fisioterápico diário em caráter permanente para manutenção de suas condições físicas gerais e para prevenção de futuras complicações.

Fomos então, aconselhados a não ter mais filhos e se por ventura quiséssemos, deveríamos adotar, mas a geneticista, prosseguindo com o conselho nos disse: "Se vocês não forem daqueles casais que insistem em querer filhos, não adotem, fiquem somente com ele, pois vai precisar muito, mas muito, de vocês dois". Nota que ela foi muito enfática na palavra "muito". Naquele momento, não entendi, mas com o passar do tempo, compreendi que ela não tinha exagerado, pois de fato ele precisava de nós dois a cada momento de sua vida.

Judá foi atendido pela Drª Ana Lúcia Langer, uma pediatra especialista em distrofias, a qual receitou entre as medicações que o meu filho passou a utilizar, o medicamento à base de corticoide.

Nesse tempo, ele já estava com dificuldades para andar, já andando na ponta dos pés, consequência natural da progressão degenerativa da patologia, então eu o carregava nos meus ombros sempre que precisávamos nos deslocar.

Passados uns dois anos, Judá já com sete anos, ficava mais fraco ainda. Quando minha esposa retornou de uma das viagens a São Paulo, me deu a notícia que a Drª Ana Lúcia Langer, havia confirmado que deveríamos nos preparar, porque estava próximo o tempo em que ele iria depender de uma cadeira de rodas. Quando recebi tal notícia, fiquei abalado e naquele momento eu disse a Deus: "Senhor, prefiro ver o meu filho morto, do que numa cadeira de rodas". Ainda bem que o Senhor não escuta tais orações, ou pelo menos não as cumpre, pois muitas vezes, no desespero falamos o que não deve ser jamais expressado.

O tempo passou e adquirimos a cadeira de rodas, foi um conforto para ele e para mim, que já sentia o seu peso sobre os meus ombros, pois era como eu o carregava. Apesar da mobilidade, a cadeira mecânica, deixava-o ainda dependente, pois necessitava de alguém para empurrá-la, daí veio a idéia de adquirirmos uma cadeira motorizada, conseguimos a aquisição de uma cadeira marca Freedon. Ficou gravada na minha mente a sua euforia, quando dirigiu a cadeira pela primeira vez. Saiu gritando em direção ao bebedouro dizendo: Pai! Mãe! Veja que legal, agora posso pegar água sozinho. Naquele momento me lembrei da frase inconsequente que falei para Deus, sobre a cadeira de rodas e concluí que não importa como se vive, dependente de uma cadeira ou sem ela, viver a vida é o que importa, pois a cadeira para casos como esse, é um instrumento para dar qualidade de vida às pessoas especiais.

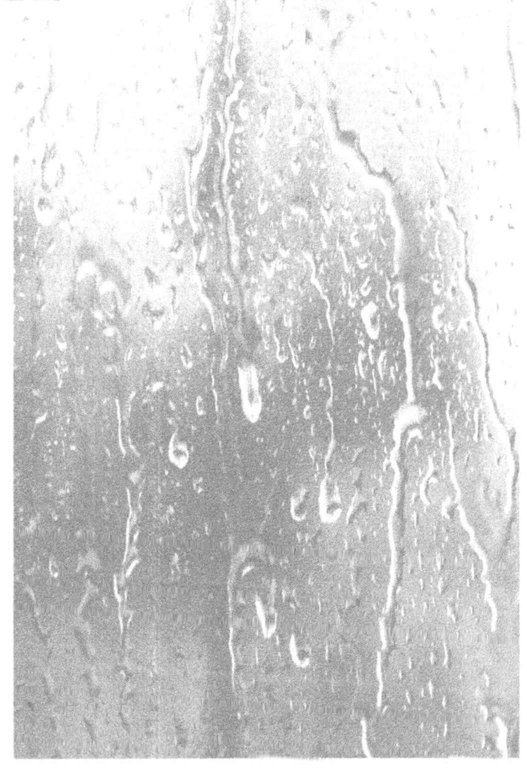

4.

INVESTIMENTO ESPIRITUAL

hegada a idade de se ingressar para a escola, matriculamos nosso filho na Escola Chapeuzinho Vermelho, onde estudou a pré-escola e o primeiro ano do ensino fundamental. Quero realçar, que o Senhor sempre cuidava dele com muito zelo, pois sempre havia pessoas dispostas a amá-lo e cuidar dele de forma dada e despretensiosa. Lembro-me de uma garotinha chamada Rebeca, que sempre se dispunha a dar atenção a ele e ser sua amiguinha. O Judá fez a sua formatura do prezinho e passou a estudar o primeiro ano do ensino fundamental, estudou na Escola Pequeno Snoop e no outro ano o matriculamos no Colégio União, ali ele conheceu dois amigos que ficaram ao seu lado, mesmo depois que passou o tempo da escola (Marina e Gabriel), nesta mesma escola tinha a companhia da Débora Fernanda, a filha do meu companheiro de obra, amigos que todo o tempo estavam dispostos a cuidar dele e a amá-lo. Recordo que quase todas as vezes quando chegava com ele na escola, lá estava sua amiga Marina, que me ajudava a tirar a cadeira de rodas do carro, e depois ajudava a levá-lo para a sala de aula.

Quando o Judá cursava o sétimo ano, aconteceu algo que nos deixou assaz preocupados, no momento do banho a minha esposa percebeu que a urina dele estava com uma coloração vermelha escura, comparado a cor de uma coca-cola, ela me mostrou, vi que de fato não era normal, levamo-lo ao médico, que imediatamente percebeu que era sangue e diagnosticou que estava havendo uma perda considerável de sangue pela urina. Procurei saber o que teria provocado tal situação, foi aí que descobrimos que o Judá, com vergonha de ter a companhia da professora no WC, começara a fazer o seguinte: Não tomava água na quantidade que deveria, para não ter que ir ao WC. Fazendo isso todos os dias, teve um problema renal, que estava provocando aquela situação. Passaram alguns dias e não havia melhoras, ele já estava bem inchado; naqueles dias eu já havia marcado a data de irmos para São Paulo. Vendo que não havia melhora, perguntei à médica se deveria adiar a nossa ida a São Paulo, para que ele fosse tratado aqui na nossa cidade ou se confirmava para levá-lo a São Paulo. A doutora nos aconselhou irmos para São Paulo.

Viajamos para a capital paulista em busca de respostas, e experimentamos uma luta terrível, fomos ao Genoma, para exames de rotina com a doutora Ana Lúcia Langer, depois levamo-lo para vários hospitais, pois até então o tratamento era via ambulatório. Percebíamos que ele ficava cada vez pior, então o internamos no Hospital das Clinicas (Instituto da Criança), foi onde conseguimos o tratamento eficaz, mas tivemos que ficar sessenta dias ali por conta deste problema.

Quando retornamos à nossa cidade, tomei a iniciativa de tirar o meu filho da sala de aula e combinado com a escola, passei a fazer com ele o ensino em casa (Homeschooling). Foi então que surgiu um fato novo para mim, além de todo o labor que já tinha, passei a ser o seu professor (Homeschooler), lecionando todas as matérias. Tive praticamente de estudar de novo o oitavo e nono ano, para poder dar conta da nova tarefa. Graças a Deus, vencemos e por fim o Judá fez sua formatura do nono ano do ensino fundamental. Com base em todos os fatos que estavam acontecendo, tomei a seguinte decisão, a partir de então, não iria me preocupar com a vida estudantil e profissional do meu filho, mas com a sua vida espiritual. Não continuamos com os estudos e passei a discipulá-lo com mais ênfase e ensiná-lo sobre o Reino de Deus. O Judá tinha a tarefa de ler três capítulos da Bíblia todos os dias, o que, aliás é um compromisso nosso como família (usando esse método, se consegue concluir a leitura de toda a Bíblia em um ano), lia o nosso material e repetia a catequese dos ensinamentos que damos aos discípulos. Orávamos sempre e fazíamos culto doméstico. Tais ações deram estrutura espiritual a ele, fortaleceu a sua fé no Senhor e a sua confiança. O meu filho tinha paz e alegria no coração, nunca o ouvi reclamando com Deus da sua situação ou blasfemando. Ensinei-o a ser grato, mostrava a ele que apesar de toda a situação que vivíamos, tínhamos o cuidado e o suprimento do nosso Pai Celestial em tudo.

Ele tinha plena consciência da sua situação, sabia que era uma patologia agressiva, mas procurava viver e desfrutar de cada momento; a cada dia havia paz em seu coração, ensinei-o a ter fé na plenitude do seu significado: O firme fundamento das coisas que não se veem e a certeza daquelas que se esperam. Assim era o seu coração, a minha maior preocupação era transmitir essa fé para ele. Certo dia percebi o quanto ele prosseguia para uma fé alicerçada, pois em um momento de oração numa de nossas reuniões, eu o ouvi orar assim: "Senhor, cure os meus amigos enfermos, dê saúde a eles, faça um milagre em suas vidas. Cure-me também Senhor, me livra dessa cadeira de rodas, mas, Senhor, se for para eu ser curado e depois desviar dos seus caminhos, me deixe na cadeira de rodas." Ouvi atentamente aquela oração e guardei em meu coração. Aquela oração me fez lembrar de uma história que ouvi há muito tempo atrás. Havia em uma cidade um pastor que tinha uma filha cadeirante, nasceu com a doença e foi para a cadeira de rodas, o pai, orava incessantemente, em todas as reuniões, em seu culto doméstico, nas suas orações pessoais, clamando a Deus, para que sua filha fosse curada, mas não acontecia a cura, ele até questionava o Senhor dizendo: "Senhor, sou usado para orar pelas pessoas, algumas até já foram curadas, mas a minha filha não!" Até que um dia, quando faziam uma confraternização na igreja, um homem de Deus que viera de outra cidade, percebendo as lamentações do pastor disse: "Irmão, porque pede a Deus com tanto desespero? Já parou para pensar, se Deus quer ou não curar a sua filha? Se não aconteceu até o momento, pode ser que Ele não queira, pois só Deus conhece o nosso futuro. A resposta do pastor foi precisa, disse: "Irmão, eu não aceito! Vejo tantas pessoas sendo curadas, abençoadas e minha filha ainda permanecendo naquela cadeira. Respondeu o homem de Deus: Pastor, cuidado com o que pede com tanta insistência, pois o Senhor costuma responder, e quando não respeitamos a sua vontade, colhemos as consequências da nossa arrogância. Quero lembrar, que embora a moça vivesse em uma cadeira de rodas, era muito ativa com relação aos trabalhos da igreja, cantava, testemunhava, era alegre e nunca reclamava da sua situação, todo esse frenesi era do coração do seu pai.

Tempos depois, fizeram uma festa com toda a igreja, houve uma grande manifestação da presença de Deus e naquela noite, oraram para a filha do pastor e ela foi curada, levantou da cadeira e passou a ter uma vida normal, foi uma grande euforia, todos ficaram maravilhados e louvaram a Deus. O tempo foi passando, a moça começou a ter sua vida secular muito ativa, com relação aos estudos, trabalhos, sua mobilidade a condicionou a ir a vários lugares e conhecer mais pessoas. Isso foi lhe causando um esfriamento na fé, até que um dia conheceu um rapaz que não era cristão, se apaixonou por ele, passaram a namorar escondido dos seus pais, que ao saberem do fato, esbravejaram, repreenderam-na, mas sem sucesso, ela estava convicta do relacionamento, embora soubesse que era um jugo desigual, continuou nesse relacionamento, desviou da fé, começou a frequentar festas, baladas, até que um dia sofreu um acidente e veio a óbito. Naquele dia seu pai se lembrou das palavras do homem de Deus. Essa história sempre me trouxe muita preocupação e serviu para que eu, embora desejasse a cura do meu filho, me preocupasse mais com a sua vida eterna, que com a vida temporal. Judá tinha plena convicção, que se Deus o curasse, faria porque é Deus, mas se não o curasse, continuaria sendo Deus.

Fico preocupado, quando vejo alguns pais negligenciando esse investimento, esses que se preocupam muito com o sucesso na vida secular dos seus filhos, procuram investir no profissionalismo, nos estudos e na estruturação financeira deles, mas pouco se fala no investimento *espiritual*.

É de suma importância entender a mente de Deus, no tocante a esses fatos. Veja como o Senhor pensa acerca dessas aspirações: "Mas, *buscai primeiro o Reino de Deus e a sua justiça e as outras coisas vos serão acrescentadas.*"

(Mt.6:33). Entenda que o Senhor nos instrui a investirmos primeiro em seu Reino e sua justiça, isso significa darmos o primeiro lugar em nossas vidas, a tudo aquilo que concerne aos negócios do seu Reino, desde a nossa vida pessoal, nossos investimentos, nossas aspirações e tudo aquilo que queremos adquirir. Sabemos que todos os mandamentos têm atrelados a si uma promessa e o verbo está sempre no imperativo, com esse não é diferente, "buscai" é a conjugação do verbo "buscar" no imperativo, ou seja, é uma ordem, e a promessa é: *"...e as outras coisas vos serão acrescentadas".* Quando fazemos dessa forma, a promessa se cumpre e se torna uma bênção, mas se fazemos o contrário ela não se cumpre e se torna como uma maldição. Tenho visto que alguns pais fazem exatamente o caminho inverso do mandamento. Investem prioritariamente na vida secular dos filhos e deixa a vida espiritual relegada ao segundo plano. Parece que conseguem ler o versículo da seguinte forma: *"Mas, buscai primeiro as outras coisas e o reino de Deus e a sua justiça vos serão acrescentados".* Creio que na maioria dos casos, essa administração pode ser feita concomitantemente, e a casos como o meu, priorizei o investimento espiritual, devido às circunstâncias que acometia a vida do meu filho diariamente, eu sabia que não tinha muito tempo, para formar Cristo na vida dele cumprindo assim o que Paulo advertiu aos Gálatas quando disse: *"Meus filhinhos, por*

quem de novo sinto as dores de parto, até que Cristo seja formado em vós." (Gl.4:19). Eu pretendia que essa realidade fosse parte da vida do meu filho, pois quando Cristo é formado em alguém, esse passa a ter temor, fé, esperança, confiança e sobretudo amor supremo ao Senhor. Por essa causa, é que insistia que ele tivesse a sua vida de oração, de leitura da Palavra, para poder desenvolver seu relacionamento pessoal com Deus. Excluindo o ano de 2014, que estivera na UTI, desde o seu batismo, até os 20 anos, ele conseguiu ler a Bíblia toda cerca de <u>sete vezes</u>, pois começara a ler quando tinha doze anos.

É relevante considerar que cada fase da vida do filho, requer uma atuação diferente. Na infância, a educação tem suas peculiaridades; nessa fase os pais praticamente determinam e eles fazem, é aquela fase em que os filhos que são criados no Senhor, entendem que os pais são autoridades e eles prontamente obedecem, o que quero dizer é que quase não há questionamentos. Mas, na fase da adolescência, acontecem as mudanças, tanto no corpo como na mente, é nesta fase que surgem as inseguranças, indecisões, variações de humor, o desejo de independência, de uma identidade própria, da aceitação, da necessidade de amor e compreensão dos pais. Não são exageros, pois tudo isso faz parte da estruturação da sua maturidade.

Deve haver, da parte dos pais, a compreensão de que na fase adolescente, não podemos agir como agíamos com eles quando eram infantes, quando dizíamos: "Vai ser assim mesmo, e pronto!" E eles aceitavam. Não! O adolescente irá questionar, necessitará de explicações, pois agora possui suas próprias ideias, opiniões, preferências, pois ainda estará sendo formado. Estou falando tudo isso, para testemunhar o cuidado que tive com o meu filho nesta fase, tive o cuidado de não invadir o seu espaço, e mostrar a ele que ele podia interagir, podia dizer o que queria, do que gostava e etc. É obvio que como pai e autoridade eu balizava sempre as ações, para evitar aquilo que poderia ser exagero tanto da minha parte quanto da dele. Lembro-me de uma situação em que a minha esposa discerniu que ele me obedecia, porque tinha medo de mim, ela havia percebido isso, porque todas as vezes que ele queria algo ele pedia para ela me pedir. Ao ser questionado por ela, porque ele mesmo não pedia, disse: *"Eu, não vou pedir, ele vai brigar comigo!"* Quando ela me informou de tal situação, não portei como um pai truculento, fui conversar com ele. Perguntei-lhe: Filho, você tem medo do pai? Tal era o medo, que ele nem respondeu, olhou para mim com olhos temerosos e balançou a cabeça sinalizando que sim. Então eu lhe disse: Filho, me perdoe, se em algum momento eu transmiti esse temor a você! Daqui em diante, eu quero que você tenha liberdade de falar comigo, me pedir qualquer coisa e argumentar o que você quiser. Nesse momento eu estava transmitindo a ele que eu pretendia, além de ser seu pai e autoridade ser seu amigo. A partir de então, o relacionamento passou a fluir melhor e com a liberdade que precisava ter entre nós.

Havia sempre em meu coração, a preocupação de vê-lo crescendo dia-a-dia, na graça e no conhecimento de nosso Senhor Jesus Cristo. E assim foi com a sua vida, até o último momento. Todas as noites em que orava com ele antes de ir dormir, eu dizia que ele orasse, buscando do Senhor a cura, mas sobretudo que agradecesse, pelos pais que tinha e as condições que Deus nos dava para cuidar dele; procurava mostrar o quanto o Pai era generoso, cuidadoso e zeloso para conosco! Não houve nada do que precisamos para o seu cuidado que nosso bom Pai não nos dera e com muita abundância, pois a Palavra nos garante que Deus sempre faz infinitamente mais do que tudo o que pedimos ou pensamos, conforme o seu poder que opera em nós. Precisamos apenas de um cuidado doméstico, ele nos deu um Home Care, com uma completa equipe multiprofissional, pedimos um motor para fornecer energia para o seu quarto apenas, ganhamos um que fornece para a casa inteira e até para mais casas, se precisasse, precisávamos de um carro com condições de acomodá-lo sem tirá-lo da cadeira, com uma rampa, o Senhor nos deu uma doblô com rampa, elevador e com condições de adaptação semelhante a uma UTI móvel. Percebe o cumprimento da promessa? *"e as outras coisas vos serão acrescentadas".* Deus é bom e fiel, sempre.

Outro fato com o qual sempre me preocupei; a disponibilidade dos pais com relação e mobilidade dos seus filhos no tocante às participações de eventos relacionados com a igreja. Certa vez, os jovens programaram uma confraternização para comungarem e adorarem ao Senhor na casa de um irmão, à noite, após a reunião geral da igreja, naquele dia eu estava cansado e não muito disposto, mas, o Judá queria participar, como ele dependia de mim para tudo, eu não poderia simplesmente levá-lo e deixá-lo lá para que alguém cuidasse. Ele perguntou: "Pai, nós vamos?" eu disse, sim filho! Vamos! Eu sabia que era importante para ele e que isso também fazia parte do projeto de formar Cristo em sua vida, pois essa comunhão entre eles era de suma importância, tanto para sua socialização, como para seu crescimento espiritual. Porque digo isso? Para dizer aos pais que tem seus filhos sem nenhuma limitação física, que têm apenas a tarefa de levá-los, esforcem para incluírem os seus filhos nesses eventos, eles são importantes. Vi muito isso acontecer, pois fiz durante uns cinco anos uma reunião para ministração de palavras e assuntos que eram peculiares da idade deles, alguns alegavam que não eram assíduos porque seus pais nem sempre os levavam. Houve uma época que algumas mães (irmãs prestativas) que tinham carros, levavam os seus filhos e alguns desses que os pais não se disponibilizaram a levar. As vezes, por alguns motivos eu precisava desmarcar algumas reuniões, mas, o Judá em muitas delas tentava me impedir, pois não gostava que desmarcasse, tinha prazer em participar delas.

Finalizo esse capítulo, dizendo aos pais, ame os seus filhos, ensine-os a amarem o Senhor, não meçam esforços para incluí-los em tudo o que seja relacionado ao Reino de Deus, ensine-os a priorizarem em suas vidas o Reino de Deus, a nunca se deixarem levar pela sedução deste século, a se livrarem dos embaraços do pecado e preferirem viver uma vida com santidade.

5.

EXPERIÊNCIAS NA UTI, UMA GUERRA ESPIRITUAL

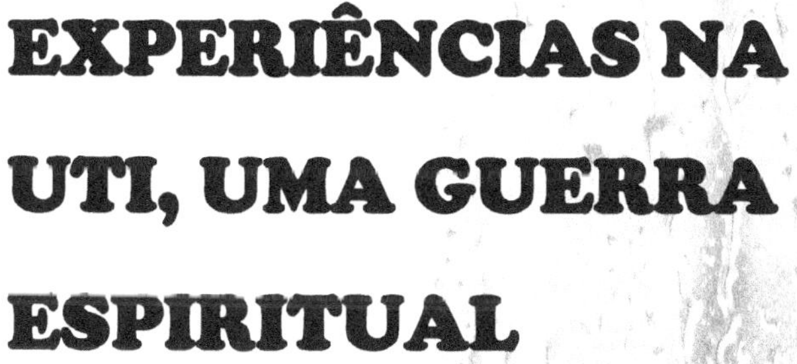

hegamos de São Paulo no dia 29/04/2014, aquela viajem, foi mais uma vez para revisão do seu tratamento, mas no retorno, pegamos um tempo muito frio. Por questões de logística no aeroporto, tivemos que ficar muito tempo expostos ao frio na pista antes de entrarmos para a aeronave, isso causou para o Judá um resfriado, algo que não poderia acontecer, tínhamos sempre muito cuidado para não ocorrer tal situação. Chegamos a Ji-Paraná, percebemos que o Judá já estava gripado. Na noite do mesmo dia (29/04/2014), o levamos ao aniversário de um irmão de fé (Asafe), víamos que ele tossia muito, voltamos para casa e na madrugada do dia 30/04/2014, ele foi internado no Hospital Seis de maio, onde ficou até o dia 04/05/2014. Nessa data, fomos direcionados a ir para Porto Velho. Fomos acompanhados do meu companheiro de obra e dos dois melhores amigos seus, Jéssica e Marco Antônio. Naquela mesma noite, chegamos à capital e demos entrada na UTI do Hospital Central.

Ao chegarmos lá, fomos surpreendidos com a notícia de que não podíamos entrar, mas somente o Judá; como a Jéssica é enfermeira, ela pode ficar. Depois, conversando com o médico, fomos agraciados com a permissão de podermos revezar em plantões, de 8h, cada um. Eu, das 07-15h, a minha esposa das 15-23h, e a Jéssica das 23-07h.

Fomos recebidos pela família do Jonas, irmão que liderava a igreja em Porto Velho, a qual nos recebeu generosamente e nos amparou nos momentos que precisamos. Ficamos hospedados em sua casa, até o dia em que consegui um apartamento de um amigo generoso, que nos cedeu para moradia até o nosso último dia em Porto Velho.

O quadro clínico do Judá não era dos melhores, estava bem agravado com pneumonia. Ele se sentia bem cansado, não conseguia se alimentar e havia pressão dos médicos para que ele se alimentasse. Não havendo melhora, os médicos decidiram que o Judá deveria ser entubado. Nesse momento ouvi do meu filho a pior frase que um pai poderia ouvir. Ele disse em tom de desespero. "Pai eu não quero morrer!" Eu respondi: Filho, isso vai acontecer quando Deus quiser! O Judá foi entubado pela primeira vez.

Passamos então a vivenciar o dia a dia na UTI. Uma das piores situações era convencer os médicos de que alguns procedimentos que eles estavam querendo fazer, não se aplicavam no caso do Judá. Depois de muitas tentativas, convenci o doutor a entrar em contato com a doutora Ana, lá de São Paulo a qual cuidava do Judá. Ele concordou e foi instruído dos procedimentos corretos.

O meu plantão, era o plantão em que os banhos do Judá aconteciam, eu o ajudava no banho, pois os técnicos de enfermagem, inicialmente, queriam tratar o Judá como se fosse um paciente normal. Eu explicava para eles, mas um deles não entendeu e aí discutimos. Ele falou para o médico do jeito dele então eu fui pela primeira vez repreendido.

Um dos médicos numa certa situação, ao ver o resultado de um raio-X, chamou a atenção do Judá de modo grosseiro, achei aquilo anormal e reclamei com o doutor chefe da UTI o qual me disse que iria conversar com o mesmo.

Surgiram diversas situações de desentendimento, daí eu me senti num verdadeiro campo de batalha, vendo o meu filho naquela situação, não havendo melhoras e muitas resistências dos profissionais.

Certo dia, fui perguntar ao médico do qual havia reclamado, se a medicação que ele havia dado era a mesma que o Judá tomava como prescrição de São Paulo, ele me respondeu de modo grosseiro dizendo que eu não deveria me intrometer, que embora eu fosse o Pai, a conduta era do médico.

Passei um e-mail para o doutor chefe e usei a seguinte expressão: "Ele me respondeu de modo não muito profissional". No outro dia esse médico me chamou para conversarmos e me repreendeu pela segunda vez dizendo que todos ali eram profissionais e que as condutas eram dos médicos. Em seguida disse que, se houvesse mais reclamações ele nos tiraria de dentro da UTI.

Passei a orar com mais intensidade a Deus, pois sabia que toda aquela luta era espiritual. Passei a conquistar as pessoas uma a uma. Falamos de Jesus para muitas delas, fizemos alguns contatos, os quais passamos para a igreja em Porto Velho.

Depois de estabilizado o quadro clínico, não havia mais a pneumonia, chegou o momento de extubar o Judá, passando a ficar sob ventilação mecânica, mas com uma máscara. Passados alguns dias, quando já se pensava em fazer o desmame, fui surpreendido na troca de plantão com a Jéssica, naquele momento a vi triste, cabisbaixa, e me disse: "O Judá foi entubado de novo". Quando pensávamos que já estava terminando a angústia, foi o contrário, começou tudo de novo. O Judá foi entubado pela segunda vez.

Foram feitos alguns testes e verificou-se que o Judá estava novamente com a bactéria da pneumonia. Nesse tempo já nos sentíamos desgastados e muito cansados. Víamos pessoas entrando vivas e saindo mortas. Aquele ambiente se tornara uma opressão para nossas vidas. Comecei a orar a Deus que acampasse seus anjos na porta daquela UTI e não deixasse nenhum demônio entrar naquele ambiente. Foi aí que comecei a sentir paz.

Certa noite, ao ir até a UTI, no horário de visita levar um lanche para a Néia, a Jéssica foi assaltada, roubaram o seu celular. Mais um problema que não contávamos.

Chegou num ponto, em que não dava mais para ficarmos na casa do Jonas, por vários motivos. Deus então nos abençoou através de um amigo, que conhecia bem o Zé Carlos e a Débora e fomos para o apartamento dele. Mas continuei indo à casa do Jonas, pois a igreja na casa era ali e todos os sábados nos reuníamos lá.

Além de todo amparo e consolação do Espírito Santo, a presença do meu companheiro de obra, nos primeiros dias foi o meu grande alento e a ajuda da Jéssica o nosso sustento. Ele teve que voltar e eu sempre perguntava: Quando você vem? O meu coração era alentado, pela presença dele e de cada irmão que passava por lá e nos visitava, até que um dia ele ousou em algo maior. Levou a igreja na casa toda para nos visitar. Que alegria, que alento ter ali a presença daqueles amados irmãos.

Certo dia, vimos um grande milagre acontecer, todos os pacientes na UTI, tinham suas saturações medidas e poucos eram os que tinham uma saturação acima de 90; tinha um senhor, que sempre media 80 a 84, naquele dia faltou energia e o motor da UTI não funcionou, foi um desespero, mas, milagrosamente todos os pacientes na UTI, tinham saturação acima de 90 até 100.

O quadro clínico do Judá estava estável, e os médicos se prepararam para novamente o extubar, foi retirado o tubo, Judá passou a usar a máscara VNI, no tempo determinado ele foi para a máscara chamada VENTURI, feitos os testes, ele estava evoluindo bem, já se falava em alta da UTI, para o quarto. Naquela noite o pulmão colabou e precisou entubar novamente. Judá foi entubado pela terceira vez.

Nesse dia aconteceu um grande milagre, o Judá deu parada cardiorrespiratória, ficou morto por alguns minutos, foi reanimado e voltou por um milagre de Deus, sem nenhuma sequela, para espanto dos médicos.

A enfermeira que acompanhou a doutora me disse que nunca tinha visto aquela médica falar o nome de Deus, ela havia tentado entubar o Judá já por nove vezes, na décima ela clamou dizendo: "DEUS ME AJUDE!" foi então que ela conseguiu.

Chegou o tempo em que a Jéssica teve que vir embora, aumentou o nosso sofrimento, pois agora eu e a Néia passamos a fazer plantões de 12 horas, nossas forças físicas iam se esvaindo, mas a nossa fé e esperança eram sempre constantes. Nesse dia perguntei para Deus Senhor, porque ficarmos aqui todo esse tempo? Que parece não acabar mais? DEUS NÃO ME RESPONDEU.

O médico me deu uma notícia, que para aquele momento foi terrível, nós deveríamos começar a pensar na possibilidade de uma traqueostomia, eu relutei muito, mas passamos esse tempo orando e perguntando para Deus, até que um dia o médico me disse, considere o seguinte: Se vocês não concordarem, vamos ter que extubá-lo, se ele não conseguir respirar normal, vamos ter que entubar de novo, se não der certo, ele poderá morrer ou se sobreviver ficará com sequelas.

Eu comecei a pensar: ter um filho nessas condições já é muito trabalhoso, será mais ainda se somado a esses problemas for acometido de um problema neurológico. Decidimos e autorizamos fazer a traqueostomia.

A partir daí, foram feitos os testes, depois o desmame e o Judá passou a respirar no nível ar ambiente. Daí foi possível dar voltas com ele na cadeira de rodas, dentro do hospital e fora dele.

Quatro meses se passaram, meu companheiro de obra nos fez outra surpresa, no aniversário do Judá, levou toda a igreja na casa. Deus colocou naquele dia dentro da UTI, uma médica que era discípula da igreja em Porto Velho, ela permitiu sob autorização do médico chefe e fizemos a festa.

A equipe médica, autorizou fazermos uma festa para ele dentro do quarto na UTI, com direito a balões, presentes e tudo mais, foi uma grandiosa festa. Um detalhe que chamou a atenção de uma fisioterapeuta, foi quando ela perguntou ao Judá, com quem ele se parecia, então respondeu: Com o meu Pai, eu só não tenho a barba ainda, mas vou ter! Ela saiu dali foi ao comércio comprou alguns objetos para a festa e trouxe um presente surpresa para ele: "Uma barba". Ele a usou durante toda a festa e não permitia que ninguém a tirasse.

Alguns dias depois o médico nos comunicou a alta sob condição de contratarmos um HOME CARE, para cuidar do Judá.

Ficamos mais um mês, e aí em 05/10/2014, voltamos para nossa cidade, JI-PARANÁ, o meu companheiro de obra conseguiu com o governador o avião, que transportou o Judá e a minha esposa. Eu vim de ônibus.

6.

AMOR PELOS ANIMAIS

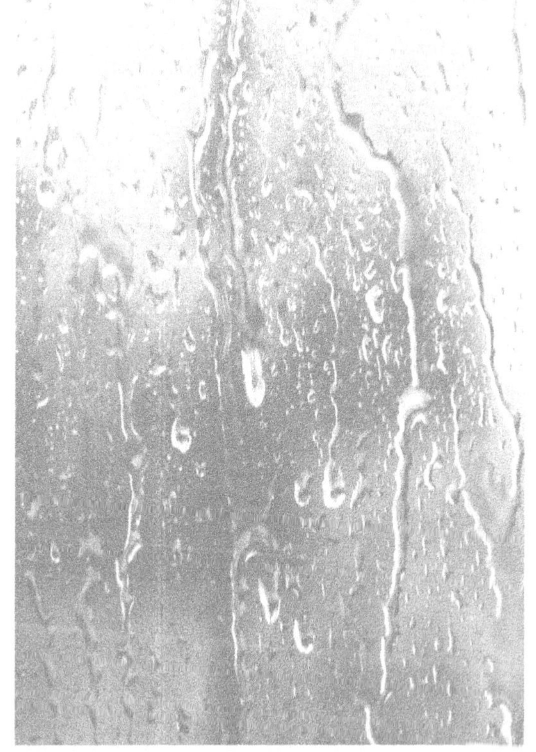

Judá era um autêntico amante dos animais. Era admirável ver o quanto ele os amava, desde a tenra idade despertava esse nobre sentimento. Observava exatamente o que a Palavra de Deus fala: *"O justo olha pela vida dos seus animais; porém as entranhas dos ímpios são cruéis" (Pv.12:10)*. Era notória, a sua preferência por brinquedos sempre com animais. Certo dia, estando em São Paulo, ele desejou comprar um brinquedo da linha IMAGINEX (uma baleia), a qual estava em falta em diversas lojas; tivemos que rodar vários quilômetros, até encontrá-la. Quando, por fim, a encontramos, compramos e demos a ele; quanta alegria manifestou naquele momento! Era como se tivesse adquirindo a coisa mais importante da sua vida.

Cada viagem que fazíamos, já havia da parte dele, uma relação dos brinquedos que deveríamos comprar, todos com animais. Era impressionante, como ele gostava de colecionar dinossauros, tinha vários exemplares dos mesmos. Lembro-me ainda, que quando comecei a comprar DVD's de desenhos animados para ele, a sua preferência eram histórias de fábulas. Descobri uma série chamada: Em busca do vale encantado. Comprei vários exemplares, ele os assistia várias vezes, comigo, é claro!

Eu era o seu companheiro espectador, para assistir os desenhos. Algo que ficou marcante foi quando surgiram os desenhos e animas da Disney. Tive que assistir com ele o

Rei Leão muitas vezes, foram tantas que perdi a conta; consegui inclusive decorar quase todas as falas do filme. Eram momentos de muitas curtições.

Em 2004 resolvi comprar uma chácara, era um ambiente propício para o meu filho, seria um espaço maior, onde poderíamos ter outros animais. Logo em seguida, o Edmar (nosso presbítero e discipulador), o presenteou com uma égua da raça Manga Larga, seu nome era "chuva", o Judá ficou muito contente. Nesta ocasião, ele ainda não tinha um animalzinho de estimação, fui à casa de um discípulo, o qual tinha uma cadela de raça, que por descuido cruzara com um cão vira-lata e havia parido vários filhotes, ele me ofereceu um casal, era um cãozinho preto e uma cadelinha marrom. Inspirado no filme o Rei Leão II, lhes dei o nome de Kovu e Kiara; levei-os para o meu filho, quando ele abriu a caixa e viu aqueles filhotes, foi uma euforia total, ele amou muito.

Todo ano eu passava seis meses na minha residência urbana e seis meses na chácara, o Judá nessa época ainda andava, muito lento e nas pontas dos pés (resultado da degeneração da patologia), mesmo assim, a chácara era para ele um ambiente muito bom, ele podia ver seus animais mais livres, além dos bovinos que tínhamos. Para quem ama animais, era de fato um ambiente muito agradável.

O Kovu e a Kiara, como eram animais de porte grande, foram crescendo e ficaram muito grandes, e pesados, não dava para brincar com eles, sua fraqueza muscular aumentava e ficava cada vez mais impossível para se relacionar com seus animais. Decidimos que doaríamos os cães, para quem pudesse cuidar deles. A Edinéia havia dado a ele um coelho de presente, mas não deu muito certo, não conseguimos lidar com o animal, e não era adequado para o Judá naquele momento. Passaram-se alguns meses e essa mesma irmã o presenteou com um cão de porte pequeno, da raça maltês, ele ficou maravilhado, havia um estado de total euforia em seu coração; deu lhe o nome de Simba, inspirado no filho de Mufasa do filme O Rei Leão.

Simba, como era um animal de porte pequeno, não cresceu além do que a sua raça permite e se tornou precisamente adequado para o meu filho brincar. Tornara-se o seu fiel amigo. Era impressionante o apreço, a estima e o amor que ele tinha pelo seu amigo cão.

Desde cedo eu o ensinei a administrar bem e a poupar o dinheiro que recebia. Ele gostava de receber no seu aniversário dinheiro no lugar de presentes, destarte, poderia administrar e depois comprar os brinquedos preferidos e alguns objetos tecnológicos como: mouses, teclados, mouse pad e etc. Ele aprendeu a ser bem econômico e seguro em suas finanças. Por vezes eu brincava com ele e dizia que ele gostava de gastar o meu dinheiro e não o dele, quando me pedia para comprar algo para ele, sendo que tinha em sua poupança. Estou contando esses fatos para realçar o tanto que ele amava o Simba, que adoeceu e necessitou que o levássemos ao veterinário. Quando fomos pagar, eu disse a ele que deveria pagar, pois o animal era dele; surpreendentemente confirmou e disse: Pode tirar da minha conta, eu pago! Sorri, e disse a ele que estava brincando. Mas, foi o suficiente para perceber quanto amor nutria pelo seu amigo de estimação.

Outro fato que merece ser mencionado, foi quando fomos a são Paulo numa daquelas viagens, e ele desejou conhecer o zoológico. Nos preparávamos para tal visita e era perceptível a ansiedade dele, até que chegasse o momento. No dia em que conseguimos, dava prazer de ver a alegria em seu coração, como ele contemplava cada animal com admiração e alegria, era como se estivesse em um paraíso. As mesmas emoções tomaram conta do seu coração, quando em outra viagem à são Paulo, fomos visitar o Aquário, cada bicho, cada espécie, cada detalhe do ambiente era apreciado por ele, como se degusta uma boa comida. Quero reforçar, que todos esses trajetos eram feitos com a cadeira mecânica, não a motorizada, pois esses lugares tinham muitas depressões no terreno ou escadas em seus ambientes. Lá estava eu, empurrando a sua cadeira de rodas, era algo que deveria fazer forçosamente, mas, fazia com prazer. Era para o meu filho!

Ele era de fato, um aficionado por animais. Outro episódio marcante, foi quando a liderança da igreja determinou que separássemos um dia da semana para passarmos com a família (era o chamado DIA DA FAMÍLIA), e a regra que fora estabelecida era que os homens não fossem os, primeiros a escolherem que tipo de lazer deveria fazer naquele dia; a primeira escolha deveria ser dos filhos, depois das esposas e por fim dos maridos. No nosso caso a primeira escolha foi a do Judá. Ele escolheu que deveríamos visitar todos os pet shops da cidade e foi isso o que fizemos; via o brilho em seus olhos, contemplando cada animalzinho naqueles ambientes, os produtos para os animais, as decorações, cada detalhe. Era impressionante!

Não posso deixar de falar que, embora eu nunca gostasse de animais no ambiente doméstico, abri mão desse gosto por ele. Ao longo de sua vida possuiu diversos cães (sua preferência) e o Simba passou a ser o seu xodó, a sua estima, o seu amigo; a sua apreciação por ele era algo fantástico. Certo dia resolvi fazer um teste, para saber o nível desse apreço e lhe fiz uma proposta dizendo: filho, vamos vender o Simba?! Conseguiremos um bom preço, essa raça é muito valiosa! Ele me olhou com cara de poucos amigos e me fez a seguinte pergunta: Você teria coragem de me vender? Ao que respondi: Claro que não! Você não é um animal, é o meu filho! Ele respondeu: Então, Ele é como um filho para mim! Fui impactado com tal resposta, me desculpei, disse que estava brincando, mas senti naquele momento certo temor, por ver o quanto ele o amava.

De todos os episódios que vivenciei com ele, relacionado ao seu animal de estimação, foi um daqueles momentos na UTI, como já relatei, passamos dias terríveis naquele ambiente, dias tristes, de muita apreensão, expectativas, tristezas e abatimentos. O tempo passava vagarosamente naquele lugar, não conseguíamos ver o fim, quando de fato acabaria, no rosto do meu filho, nenhuma expressão alegre, sempre sério, vivenciando cada minuto daqueles momentos terríveis. Até que um dia fomos surpreendidos com um vídeo produzido pela Débora, sua amiga/irmã de infância e fé (a filha do meu companheiro de obra). Ela foi à casa da minha cunhada, onde deixamos o Simba, pegou-o e o levou para sua casa, registrou nesse vídeo, desde o momento em que saiu da casa da minha cunhada, até a sua residência, cenas mostrando o seu amiguinho cão com a cara fora do carro tomando o vento em seus pelos, a sua euforia por estar indo a um passeio e alguns momentos com ela e a família em sua casa, tudo isso com um fundo musical bem melancólico. Quando assistimos ao vídeo, foi muito emocionante. Pela primeira vez em alguns meses de estadia naquele ambiente, vi um sorriso em seu rosto. Ele estampou naquele rostinho sofrido um belo sorriso ao ver o seu amiguinho cão. Não aguentei, chorei! Ainda que escondido para que ele não percebesse.

O Judá faleceu em 03/02/2019, passados alguns dias do seu falecimento, fui até a chácara, para conversar com o caseiro e saber se estava tudo bem especialmente como estava a sua égua (chuva), que estava ferida, por ter enroscado sua perna em uma cerca de arame. Fiquei perplexo com a notícia que recebi; ela havia falecido exatamente no dia do seu falecimento (03/02/2019). Quanto ao Simba, percebemos que o seu comportamento mudara, ficava sempre quieto, não era mais o mesmo, com aquela euforia e receptividade normal para um cão quando vê o seu dono chegar; parecia saber de tudo o que tinha acontecido, creio que para ele havia um vazio, o mesmo que para nós era existente naqueles momentos de luto. Vazio este, que somente o seu dono poderia preencher, mas ele não estava mais lá para ser recebido como acontecia todas as vezes que retornava para casa, chegando de algum lugar. Era também perceptível a tristeza que o abateu. Olhávamos para ele e era patente ver na sua cara um sentimento de espera do retorno de um amigo que se ausentou para sempre sem se despedir.

7.

O AMOR PRÁTICO REVELADO NO CUIDADO

Foi recomendado pela médica, que o Judá fizesse hidroterapia, dei entrada no pedido pelo plano de saúde CAIXA e consegui o custeio das seções. O Dr. Walter nos atendia em uma Clínica próxima ao meu local de trabalho. Foi um período de grande labor; eu saía do trabalho no momento do almoço, ia buscá-lo em casa (distância de sete quilômetros), levava para fazer a hidroterapia, voltava com ele para casa, almoçava rapidamente e retornava para o trabalho. Essa rotina era repetida três vezes por semana e durou alguns anos. Algo que me cansava bastante, mas era para o meu filho, fazia com muito prazer e gratidão a Deus, por ter aquele tratamento disponível pelo plano, pagando uma participação mínima.

Quando voltamos da UTI, estando já em casa, necessitávamos, da assistência de um HOME CARE, para cuidar do Judá todos os dias, dei entrada na solicitação pelo plano de saúde CAIXA, esse processo durou cerca de três meses, pois somente em Janeiro de 2015, tivemos essa estrutura montada em casa para o cuidado diário. Não poderia deixar de honrar os profissionais que nos atenderam: Marcelo e Carla, os donos do Home Care, Dr. Renato, o primeiro médico que nos atendeu, o Dr. Ivan, o médico contínuo, A enfermeira Bárbara, a enfermeira Jéssica (amiga/irmã do Judá), as técnicas de enfermagem Cíntia, Regina, Sideneia e Maria, a fonoaudióloga Dra.

Edilaine Junqueira, a Fisioterapeuta Drª. Arleide, a nutricionista Luiza e a assistente social, Lezir e todos os outros que por vezes os substituíam.

Nesse período de três meses, antes da contratação do Home Care, tivemos que cuidar do Judá, fazíamos os papéis de médicos, fisioterapeutas, fonoaudiólogos, enfermeiros, etc.

Aprendi a configurar os aparelhos, tarefa difícil, pois até os profissionais que nos atendiam, não sabiam, por ser para eles algo novo. Tive que aprender, para dar o suporte técnico quando fosse preciso.

Numa certa madrugada, cerca de 3 horas da manhã, o Judá ficou muito secretivo e necessitava ser aspirado. Eu e a minha esposa (Néia), fizemos os preparativos, e comecei a aspirá-lo. Nesse momento recebi de Deus a resposta daquela pergunta que fiz na UTI: *Senhor, porque ficarmos aqui todo esse tempo? Que parece não acabar mais? O Senhor me deu a resposta: Para esse momento é que permiti que vocês ficassem 5 meses na UTI.* Pois, como eu iria encontrar em Ji-Paraná, as três da manhã, um fisioterapeuta, habilitado em UTI, na parte respiratória, para aspirar o Judá? Certamente não encontraria e então ele morreria. Naquele momento louvei e agradeci a Deus.

Outras dificuldades começaram a aparecer, na minha rua começou a faltar energia em diversos dias da semana. Todas as vezes que faltava, se passasse de 30 minutos, eu teria que internar o Judá, por causa do aparelho COUGH ASSIST (Assistente de tosse).

Como acontecia costumeiramente, faltou energia, na minha rua, esperei uns 15 minutos, depois de ter ligado para a empresa fornecedora, da qual tive a resposta que não havia previsão para solução do problema. Graças a Deus, naquele momento a Drª. Arleide (fisioterapeuta) estava atendendo o meu filho; como percebi que ia demorar, prontamente peguei o Judá, coloquei-o no carro (um palio FIAT), e fui para o hospital, seguindo a Drª. Arleide que ia à minha frente com seu carro. Quando chegamos no centro da cidade em um cruzamento de frente ao supermercado JEEDÁ, próximo ao hospital HCR, o trânsito estava parado, pois a energia havia faltado em toda a cidade e os semáforos não estavam funcionando. Nesse momento vinham carros de todas as direções, o meu filho já começava a agonizar pelo comprometimento respiratório, foi então que a Drª Arleide teve a idéia de avançar e posicionou o seu carro a frente dos demais do lado oposto, impedindo-os de passar, o que causou um buzinaço naquele momento, pessoas esbravejadas e reclamando, percebi a manobra, e passei por trás do seu carro, acessando a rua abaixo e do lado do supermercado e consegui chegar ao hospital.

Demos entrada no hospital, quando chegamos no local de espera, apressadamente peguei o aparelho (COUGH

ASSIST) e quando fui colocar o plug na tomada, não servia, lembrei que no supermercado tinha para vender uma conexão que servia, meu filho estava mais agonizado ainda, fui ao supermercado, comprei a conexão, voltei correndo para o hospital, quando cheguei, tentei colocar mais uma vez e não serviu, pois não tinha percebido que havia comprado um plug 220v, o qual era mais grosso que o de 110v; voltei correndo, troquei o produto, retornei ao hospital, encaixei a conexão na tomada e... Ufa! Quase não dá tempo. Conseguimos! O Judá voltou a respirar com conforto.

Estive pensando em um dia de falta de energia, de madrugada com muita chuva, seria muito difícil e talvez poderia haver circunstâncias que colocaria em risco a vida do Judá, foi então que comecei a orar e pedir a Deus um motor estacionário. Não demorou muito, o Senhor proveu e compramos o motor.

O manejo com o Judá, já estava ficando complicado para mim, pois cada vez que saíamos para uma reunião da igreja(encontrão) e no retorno para casa resolvíamos passar em algum lugar, com a ação de tirar da cadeira, pôr no carro, tirar do carro e pôr na cadeira; eu fazia isso 10 vezes, multiplicando pelo peso de 52 kg, eu pegava naquela noite 520 kg. Portanto a minha coluna já estava reclamando.

Apelamos novamente para Papai do Céu e pedimos um carro adaptado, de preferência uma doblô. O Senhor nos abençoou e conseguimos o carro. Uma doblô ano 2011/2012, Adventure, 1.8, com adaptação de um aparelho com rampa e elevador, que possibilita ao cadeirante entrar e sair com a cadeira, ou seja, não precisava tirá-lo da cadeira para colocá-lo no veículo. Foi o grande refrigério, tanto para mim, quanto para ele, pois algumas vezes quando fazia o manejo, tirando-o da cadeira e colocando-o no palio, eu o machucava, pois acertava o seu pé na porta do carro e isso doía muito, pois já tinha os pés enrijecidos por causa da degeneração patológica.

Mesmo com o carro, não dava para irmos muito longe, pois se o Judá ficasse secretivo no caminho, tínhamos que ter algum lugar acessível com disposição de tomadas para ligar o aparelho, foi então que tive a idéia de fazer uma adaptação igual a de uma UTI móvel dentro da doblô. Fiquei uns 3 meses estudando pela internet a viabilidade e confecção de um projeto para fazer a adaptação, consegui identificar os componentes necessários, procurei um profissional que faz adaptação em sons para carro e juntos fizemos. Quero lembrar que todas essas ações eram feitas com muitas orações, sempre pedia a Deus sabedoria para poder criar coisas e fazer as adaptações que seriam necessárias. Lá na UTI, os profissionais diziam que eu deveria ter me formado em engenharia da medicina, pois conseguia criar coisas fantásticas e adaptações para o bem estar do meu filho.

Tinha a preocupação de que toda a estrutura que Deus nos proporcionara a ter, deveria servir para sua mobilidade dando-lhe qualidade de vida e facilitando a sua socialização, nesta ocasião, já tínhamos dois aparelhos que deveriam sempre acompanhá-lo, o assistente de tosse (Cough Assist) e o aparelho para conforto respiratório (BIPAP). Criei uma adaptação na parte de traz da cadeira de rodas, com suporte para colocar os dois aparelhos, isso dava condições para dar a ele mais mobilidade, pois conseguia levá-lo ao cinema, à churrascaria, lanchonetes, à casa dos amigos, dos parentes e nas reuniões da igreja. Continuando na minha missão de engenheiro da medicina, começamos a ter dificuldades com relação ao banho dele, eu o colocava em uma cadeira branca, dessas feita de plástico, pois não consegui encontrar no mercado, uma cadeira adequada para o banho de um paciente com distrofia, nem mesmo na grande São Paulo, inclusive, tinha visto na internet, um modelo que poderia dar certo, informei ao dono do Home Care, ele comprou, mas não deu certo, foi aí que acionei o meu instinto criador (sempre buscando de Deus, a sabedoria). Percebi que a cadeira branca de plástico, modelo Pisani, dava-lhe conforto no momento do banho, mas o problema estava no fato de que eu deveria pegá-lo da sua cama, que ficava no outro quarto e levá-lo nos braços para o meu quarto, onde tinha uma suíte, com tamanho e condições para acesso (falo isso, porque ainda não tinha uma casa toda adaptada para sua completa mobilidade dentro dela), isso nos colocava sob sérios riscos, pois ao retornar do banho, com ele nos braços, poderia escorregar e cair, tal acidente poderia causar graves lesões tanto nele como em mim, então recebi do Senhor uma luz, criei uma adaptação com rodas que encaixando nela a cadeira, poderia levá-la ao seu quarto, colocá-lo nela e levá-lo em segurança até o outro quarto para o banho. Mais uma vez... Ufa! Conseguimos vencer mais um obstáculo.

8.

A MISSÃO MAIS IMPORTANTE, CRIAR PARA DEUS

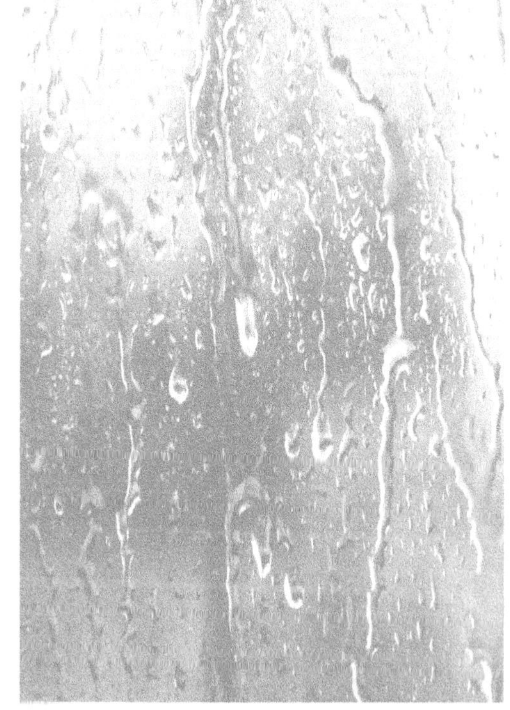

Como Lágrimas na Chuva

omo é, ter um filho especial com limitações, na adolescência? Essa foi uma das minhas muitas preocupações. Via ali naquele leito, um filho, um ser humano, que poderia ter todos os desejos, alvos e planos de uma pessoa normal, mas sabendo que tinha limitações para tal. Questionava a mim mesmo, como lidaria com a situação de uma possível paixão do meu filho por uma moça, ele já estava naquele período em que a libido aflora e os desejos de um homem por uma mulher, se evidenciam como qualquer outro sentimento normal da vida. Mas, era um homem com limitações e sem condições de formar uma família, de assumir uma esposa, mas ao mesmo tempo capaz de se apaixonar. Talvez fosse por isso que sempre o ouvíamos dizer que não queria casar-se. Por vezes a sua mãe dizia em tom de brincadeira que queria netos e o único filho que tínhamos era ele, mas isso não passava de brincadeiras, ele então, ficava firme em sua proposta e dizia: Não! Eu não vou me casar.

Quero falar de algo que deveria ser a preocupação de todos os pais. Quando comecei a ouvir sobre criação de filhos, aprendi que devemos criar os nossos filhos na disciplina e admoestação do Senhor, isso não significa que devemos criá-los apenas para serem obedientes e tementes a Deus, mas, sobretudo, criá-los para aprenderem a amar o Senhor. Isso é muito sério, pois nem todos os que obedecem e temem, fazem isso porque amam, mas é possível para aquele que verdadeiramente ama obedecer e temer. Note que este foi o primeiro mandamento que Deus imprimiu no decálogo, segundo a resposta de Jesus a um fariseu: *"Aproximou-se dele um dos escribas que os tinha ouvido disputar e, sabendo que lhes tinha respondido bem, perguntou-lhe: Qual é o primeiro de todos os mandamentos? E Jesus respondeu-lhe: O primeiro de todos os mandamentos é: Ouve, Israel, o Senhor, nosso Deus, é o único Senhor. Amarás, pois, ao Senhor, teu Deus, de todo o teu coração, e de toda a tua alma, e de todo o teu entendimento, e de todas as tuas forças; este é o primeiro mandamento"* (Mc. 12:28-30).

O meu temor maior, era de ter um filho nas condições em que o Judá se encontrava e ainda assim, com um coração mau com Deus. Pois, seria natural para qualquer um em sua condição, apelar para os questionamentos em busca de respostas. Perguntas como: Deus, por que você me fez assim? Deus por que logo eu? Deus, por que o Senhor não me cura? Tive a preocupação de transmitir para ele a mesma fé que tenho, uma fé baseada naquilo que Deus já fez e não naquilo que ele poderá fazer. Mostrava para o meu filho que a obra que Deus realizou através de Jesus, por cada um de nós, é a resposta, para qualquer pergunta que possamos fazer. O sangue do seu filho derramado, o qual a Bíblia fala que é capaz de nos limpar de todo o pecado e nos purificar da má consciência, é o suficiente para entendermos que isso é a face primária da fé, o resto é apenas secundário. Portanto, É justo que Deus tenha a liberdade de aplicar sobre nós a sua vontade, a qual é boa, perfeita e agradável.

A minha maior satisfação, era ver a serenidade do coração dele, tranquilo, nunca questionou a Deus, procurava viver como lhe era possível, vivenciava cada dia, como se degusta uma preciosa iguaria.

Acredito, que quando o Senhor nos dá um filho, nos entrega uma vida como uma folha em branco e nos dá a responsabilidade de ensiná-lo a escrever a sua história de forma que ele conheça e ame o Senhor, que se torne um ser humano semelhante a Jesus, que saiba amar, respeitar e servir a Deus e ao seu próximo.

Sabemos que no mundo em geral, os pais não conseguem fazer isso e perdem os seus filhos para o reino das trevas, crescem alheios a tudo que diz respeito a Deus, muitos viram marginais, ateus, ficam completamente céticos e não se importam em buscar a Deus. Mas, o Pai com sua infinita bondade, dá a esses pais a segunda chance, quando, através do Evangelho do Reino, resgata essa vida, trazendo-a para o seu propósito eterno.

Essa é a última chance que alguém tem para com Deus, pois a primeira é se nasce em um lar Cristão e os pais o criam na disciplina e admoestação do Senhor, ensinando-o os caminhos do Senhor. Se isso não acontece, ou se esse indivíduo desvia, a segunda e última é quando é convencido pelo Espírito Santo, através da pregação do Evangelho do Reino, para então voltar para Deus.

No meu caso, o meu filho nasceu em um lar Cristão e nós como pais, o criamos na disciplina e admoestação do Senhor, ensinando-o a amá-Lo, com temor e obediência.

É comum vermos pessoas especiais, cadeirantes e/ou acamados, serem pessoas casmurras, resmungonas, bravas, ingratas, insatisfeitas, dificultando até o cuidado que lhes dão, por causa de atitudes tão ríspidas e insensíveis.

Houve uma situação em que o Judá cometeu um deslize e respondeu de maneira insensível à técnica de enfermagem, percebendo o que havia acontecido, não deixei passar em branco, chamei a sua atenção e perguntei a ele se aquela era a atitude de um discípulo de Jesus; ele confirmou que não. Disse para ele pedir perdão a ela, o que ele fez sem resistência. Isso foi um testemunho, pois aquela moça ficou sabendo como era o nosso estilo de vida.

Eu sempre dizia ao meu filho, que o fato de estar na situação em que se encontrava, não justificava ter um coração com tais sentimentos, pelo contrário deveria sempre agradecer a Deus, por tudo o que tinha. Assim era o seu coração.   Hoje, tenho a sensação do dever cumprido, recebi do Senhor um diamante bruto e acredito que o devolvi lapidado, para sua honra e glória.

9.

FILHOS ESPECIAIS, PAIS ESPECIAIS

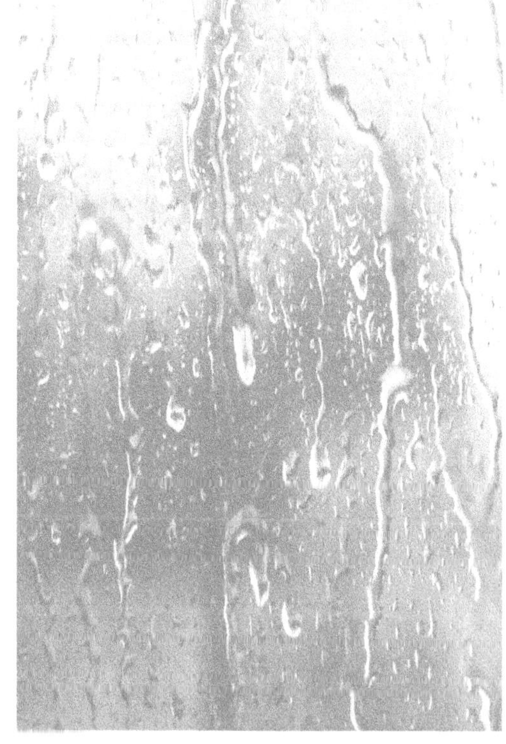

uero falar desse assunto, começando por apresentar uma pequena ficção, algo fruto da minha imaginação. Mas, antes precisamos pacificar uma ideia, bastante controversa respondendo a seguinte pergunta: Quando começa a vida intrauterina? <u>Para o direito penal</u>, tem início quando a individualidade do novo ser se torna definitiva. A quarta teoria é de que a **vida começa** a partir da 24ª semana de gestação, quando os pulmões estão formados e o feto tem condições de sobreviver fora da barriga da mãe, já possuindo autonomia. <u>Para a ciência</u>, A gravidez humana começa de 6 a 12 dias após a fecundação, pois é nesse período que o óvulo se prende à parede do útero - diz uma equipe de cientistas da Carolina do Norte, nos EUA.. Já <u>para a igreja</u>, a **vida** é o encontro de um óvulo e um espermatozoide e, portanto, não há qualquer diferença entre um zigoto de 3 dias, um **feto** de 9 meses e um homem de 90 anos. Essa posição da Igreja está coerente com a expressão bíblica "concepção". Todas a vezes que lemos na bíblia, que uma mulher concebeu, já define que há em seu ventre um ser vivente.

Quando lemos o Salmo 139:1-24, temos uma fantástica amostra do que estou falando, quando o salmista falando da presciência de Deus mostra como o Senhor nos conhece: *Ó Senhor Deus, tu me examinas e me conheces. Sabes tudo o que eu faço e, de longe, conheces todos os meus* pensamentos. *"Tu me vês quando estou trabalhando e quando estou descansando; tu sabes tudo o que eu faço." Antes mesmo que eu fale, tu já sabes o que vou dizer. Estás em volta de mim, por todos os lados, e me proteges com o teu poder. "Eu não consigo entender como tu me conheces tão bem; o teu conhecimento é profundo demais para mim." Aonde posso ir a fim de escapar do teu Espírito? Para onde posso fugir da tua presença? "Se eu subir ao céu, tu lá estás; se descer ao mundo dos mortos, lá estás também." Se eu voar para o Oriente ou for viver nos lugares mais distantes do Ocidente, ainda ali a tua mão me guia, ainda ali tu me ajudas. "Eu poderia pedir que a escuridão me escondesse e que em volta de mim a luz virasse noite;" mas isso não adiantaria nada porque para ti a escuridão não é escura, e a noite é tão clara como o dia. Tu não fazes diferença entre a luz e a escuridão. "Tu criaste cada parte do meu corpo; tu me formaste na barriga da minha mãe." Eu te louvo porque deves ser temido. Tudo o que fazes é maravilhoso, e eu sei disso muito bem. Tu viste quando os meus ossos estavam sendo feitos, quando eu estava sendo formado na barriga da minha mãe, crescendo ali em segredo, tu me viste antes de eu ter nascido. Os dias que me deste para viver foram todos escritos no teu livro quando ainda nenhum deles existia. Ó Deus, como é difícil entender os teus pensamentos! E eles são tantos! Se eu os contasse, seriam mais do que os grãos de areia. Quando acordo, ainda estou contigo.* Percebe como faz sentido o entendimento de que a nossa vida está toda sob o controle do Criador?

Na minha ficção, imagino que no momento de uma concepção, ou seja, quando biologicamente ocorre o início de uma existência, Deus, o criador, lá do céu, escolhe uma alma para dar vida àquele ser que está sendo criado naquele momento. Desde então, essa vida em formação passa a ser acompanhada por ele detalhadamente. Imagino que quando o Senhor permite, por algum propósito, uma concepção com um defeito genético, ou com resultados congênitos ou hereditários, Ele sabe que aquela criança terá uma deficiência, física ou psíquica, portanto, será uma criança especial. Quando isso acontece, significa que Deus está enviando para aqueles pais um filho ou filha especial. Em meio a ficção, tenho uma teoria, que ao experimentá-la, se tornou prática para mim, tal definição me ocorreu, por saber de modo experimental, que para cuidar de filhos especiais, os seus pais devem ser e se portarem tal qual seus filhos. Creio sinceramente, que Deus manda filhos especiais para pais especiais.

É necessário detalhar essa afirmação, da seguinte forma: Quando o Senhor envia os filhos especiais, esses filhos serão o próprio teste de Deus, para saber se aqueles pais são especiais. Por que faço essa afirmação? Porque os pais que não são especiais, não aceitam. Vemos esses fatos, nos casos de abandono dos pais ou de um deles, nos casos em que os próprios pais assassinam seus filhos, tanto ainda no ventre mediante aborto, como depois de nascidos, e daqueles pais que recebem, mas não cuidam com dignidade.

Pais especiais, recebem, cuidam, educam, amam, e aqueles que são discípulos de Jesus, instruem nos caminhos do Senhor e os devolvem para Deus.

Os cuidados dados a um filho especial são cheio de detalhes, os quais não podem ser nem omitidos, nem negligenciados, cada atuação, deve ser com a capacidade de produzir o efeito habitual e por fim o seu funcionamento normal, isso é efetividade.

A complexidade desse assunto se dá ao fato de que muitos dizem que cuidam, mas não entregam um resultado efetivo, alguns podem até fazer com eficiência e outros ainda com eficácia, mas não será um resultado excelente quanto deveria ser. Por isso um pai ou mãe especial, deve procurar saber qual a diferença de significado tem essas três palavras e a sua importância quando se trata de filhos especiais.

Podemos entender que **Eficiência**: é quando algo é realizado da melhor maneira possível, ou seja, com menos desperdício ou em menor tempo, algo que funciona de forma econômica. **Eficácia**: é quando um projeto atinge o objetivo ou a meta e passa a funcionar para aquele fim a que foi criado com qualidade e durabilidade. **Efetividade**: é a capacidade de fazer algo de modo eficiente que funcione da melhor maneira possível, com eficácia. Percebe, que quando cuidamos de filhos especiais, essa entrega é importante, pois não estaremos tratando com coisas ou objetos, mas com uma pessoa, com gostos, desejos, paixões, vontades, decisões, sentimentos e inteligência, como qualquer ser humano? As ações em alguns casos devem ser empregadas com dinamismo e rapidez, com entregas duráveis e com qualidade.

Para se entender bem o que estou dizendo, vou relatar amiúde os detalhes de um relacionamento com pessoas especiais, no meu caso, tinha um filho que psiquicamente era normal, a patologia não afetou sua mente, tinha normalmente inteligência, vontade e emoções; o seu problema era físico, perdera os movimentos das pernas, dos pés, dos braços e das mãos, dependia 100% de auxilio para sua mobilidade. Para não dizer que perdera tudo, tinha ainda poucos movimentos com os dedos das mãos, que lhes davam condições de mexer com o mouse. Antes de passar pela UTI o Judá era apenas cadeirante, após a UTI, passou a ser acamado e sua dependência passou a ser maior ainda.

Lembro-me de uma conversa que tive com um fisioterapeuta sobre este assunto; ele havia me dito, que no seu curso, o professor querendo mostrar para os seus alunos a importância do trato com humanidade a um paciente especial, durante a aula pediu para um deles ficar imóvel numa cama durante a aula inteira e tudo que quisesse, deveria pedir para alguém fazer para ele. Ele disse que foi uma experiência terrível, o sentimento era de total desespero. O colega testemunhou emocionado, dizendo que a sensação não era boa nem confortável, era simplesmente terrível. O professor então disse: "É exatamente assim que se sente uma pessoa especial", pois no fundo ela não desejava estar na situação de especial, mas esse é o seu estado real, portanto todos os que participam como cuidadores, devem ter a sensibilidade de que estarão lidando com uma pessoa, que embora tenha dificuldades motoras, pensam, sentem e raciocinam. O grau de dificuldade ainda se torna bem maior, quando a deficiência é psíquica, pois estarão lidando com pessoas com a vontade, a inteligência ou emoções totalmente comprometidas, dependendo da patologia que tiverem.

Graças a Deus, no meu caso o grau de dificuldade era apenas motor. Quando falei de eficiência, eficácia e efetividade, quis mostrar que cada momento requer que essas três palavras sejam empregadas. Alguns pais, por não entenderem assim, perdem a paciência, ficam bravos, dizem que não vão fazer e podem causar nos seus filhos o sentimento de que são um peso para eles.

Detalhes do cuidado em diversas ocasiões:
<u>Nas viagens</u>

Apesar de o propósito das viagens a São Paulo ser para o tratamento, sempre procurávamos transformá-las em um passeio. Curtíamos idas ao cinema, Shopping Center, por gostar muito de animais, levamo-lo ao zoológico, visitamos o aquário e fomos à praia. Víamos como isso alegrava o coraçãozinho dele. Para mim, fisicamente era um labor e tanto, tinha que conduzir a cadeira de rodas com ele, pois havia lugares inacessíveis para a cadeira motorizada. Mas, para mim, era a satisfação do meu filho. Um preço barato a ser pago. Pois era para o meu filho!

Numa das viagens que fizemos, ele queria muito comprar um brinquedo da linha imaginex (uma baleia), fomos a diversas lojas, rodamos vários quilômetros, até encontrar. Tudo isso era o preço para servi-lo e o pagamento era a satisfação que havia em seu coração.

Na UTI

A dificuldade de comunicação por causa da entubação e depois da perda da voz na UTI, foi um dificultador que tivemos que vencer.

O Judá estava entubado e não podia falar, todas as vezes que ele queria algo, nos valíamos da tecnologia e pedíamos para ele digitar no celular, como tinha poucos movimentos nas mãos, e pela posição que estava na cama tentava digitar, não conseguia completar as palavras e nós tentávamos decifrar o que havia digitado, por fim ele perdia a paciência e dizia: ah! Deixa pra lá! Eu o animava e dizia: Não filho! Queremos te atender, digita com paciência, pelo menos o tanto que dá para entendermos o que você quer. E por vezes conseguíamos. Foi assim também, quando ele perdeu a voz, mas foi um momento em que não estava mais entubado. Ele digitava no notebook e podíamos então saber o que queria.

Respeitávamos as suas limitações, quando dizia que não estava aguentando ficar na cadeira, querendo ir para a cama. Não forçávamos para comer o que não desejava comer e sempre priorizando aquilo que ele gostava; quando desejava algo que tinha no comércio eu saía para comprar.

Alguém pode questionar e dizer: Mas, isso não é mimar demais? Não! É apenas servir alguém, com limitações suficientes para não se auto suprir. Todos nós temos vontades, desejos e anseios e quando queremos, vamos lá e fazemos; a pessoa especial, com dificuldade motora, vai sempre depender da boa vontade, da compreensão e generosidade do seu cuidador para atendê-la. É óbvio que eu sabia lidar com as situações em que entendia não ser necessário fazer, mas isso era esclarecido e pacificado com entendimento.

Outra situação, que ficava com o coração sangrando, e as lágrimas caindo como que na chuva, foi naquele momento em que o Judá havia perdido a fome, não conseguia comer. O meu almoço era trazido e eu tinha que comer no ambiente em que ficávamos dentro da UTI. Eu minimizava o impacto dessa forte emoção, ficando atrás da cama, para que ele não me visse comendo.

Em casa, no Home Care.

Quando o colocava na cadeira, precisava de muita paciência para ajeitá-lo do jeito dele na cadeira, o mesmo acontecia na cama, quando o colocava na cama, tinha uma posição certa que lhe dava conforto. Para ajeitá-lo ao dormir, somente a mãe dele sabia fazer e era feito detalhadamente, minha esposa gastava muito tempo pacientemente, até deixá-lo bem acomodado. A comida era preparada do seu jeito e de acordo com o seu gosto, pois não podia comer quaisquer coisas, devido a traqueostomia.

Tinha coisas que somente eu poderia fazer e outras que somente a sua mãe sabia fazer. Somente eu poderia cortar as suas unhas, bem como somente a sua mãe o arrumava para dormir. Somente eu faria o seu manejo, tirava da cama, colocava na cadeira, da cadeira para o carro, quando não tinha a doblô e depois o mesmo serviço reverso. Tinha o seu cabeleireiro específico, só permitia que fosse aquele de sua preferência. O Eliel.

Nas reuniões da igreja

Desde a tenra idade, eu o ensinei a louvar e adorar a Deus. Ele gostava muito de cantar, e no momento da adoração levantar as mãos, quando ainda podia fazer. Houve momentos em que o meu coração sangrava por dentro ao vê-lo cantando sem conseguir erguer os braços para adorar. Depois da traqueostomia, veio o comprometimento da voz e aí não podia também erguer sua voz para cantar e louvar. Continuava fazendo, mas em baixo tom.

Era notório, como ele gostava de ir às reuniões, pois ali tinha espaço suficiente para sua cadeira de rodas transitar livremente e daí poder confraternizar com os irmãos seus amigos, depois que finalizava o encontro. Ele gostava de ficar até o último minuto, sempre precisava insistir para irmos embora e muitas vezes ele ainda convidava um amiguinho para ir para casa conosco. Ele saboreava a vida a cada minuto que lhe era oportuno.

Nos momentos especiais

Outro momento que o meu coração sangrava, era nas datas comemorativas, meu aniversário ou dia dos pais, a minha esposa comprava o presente para ele me dar. Ele queria me abraçar, mas não conseguia então ele dizia: pai me abraça, eu o abraçava e ele dizia. Feliz aniversário, eu te amo! Ou feliz dia dos pais, eu te amo! Depois eu ficava pensando, felizes os pais que conseguem receber dos seus filhos um abraço. Pois naqueles momentos eu não tinha esse privilégio.

Outra situação, era com relação a minha esposa, acredito que para ela era tão laborioso quanto para mim. Como ela não tem trabalho fora de casa, mas sempre trabalhou em casa no serviço doméstico e depois que o tivemos sempre focada nos cuidados com ele, todas as vezes que tínhamos convites para festas de casamento, aniversário ou alguma confraternização, eu dava prioridade para ela ir e eu ficava com ele, pois eu pelo menos saía para trabalhar, sempre participei ativamente dos trabalhos da igreja, mas ela sempre ficava muito tempo em casa. Dava essa prioridade por entender que, ela precisava sair do ambiente de casa sempre que fosse possível e esses momentos eram oportunos. Era também uma obrigação minha em exercer o sacerdócio sobre a vida dela, tratando-a como o vaso mais fraco, carente de maior honra e cuidado. Quando era necessário sair nós dois, a Jéssica nos abençoava, ficando com ele, até retornarmos para casa.

Outra situação que guardo no peito até os dias de hoje. Certa vez, a empresa que trabalho (CAIXA ECONÔMICA FEDERAL), no dia dos pais, mandou para cada funcionário que era pai, uma embalagem cilíndrica, com as peças de uma pipa dentro. A proposta era que, fosse montada, e cada pai no seu dia fosse a algum lugar com seu filho e desse para ele soltá-la. Eu nem tive coragem de apresentá-la a ele, Judá não tinha mais movimentos nem força para soltar uma pipa. Tenho-a guardada até hoje, apenas como uma recordação.

Nesse momento, estou narrando esses fatos com o coração sangrando e com as lágrimas nos olhos, fazendo jus ao título que dei a esse livro (Como Lágrimas na Chuva), pois são lágrimas fáceis de serem vertidas, mas muito pouco percebidas.

Quando falamos do cuidado a filhos especiais, falamos de uma tarefa árdua, não fácil de ser executada, mas prazerosa, por se tratar de um filho. Entendo, que cada pai e/ou mãe, que recebe de Deus essa incumbência, deve se sentir privilegiado, pois como disse antes, quando recebe o filho especial enviado por Deus, estará recebendo o primeiro teste, para saber se de fato é um pai especial. Por que estou dizendo isso? Para lembrar que os pais que não são especiais, são aqueles que além de não receberem em seus corações essa maravilhosa dádiva de Deus (o filho), os abandonam, doam, abortam e até matam depois de nascidos.

É difícil admitir que possam existir pessoas assim, algumas pessoas até arriscam dizer que um pai, poderia fazer, mas uma mãe jamais faria tal coisa. Eu particularmente vejo uma mãe, como aquela pessoa que carrega em seu coração o dom maior (o amor). Eu até fiz em 2012, uma poesia sobre o assunto, intitulada: "Mãe, centelha do amor divino", a qual transcrevo abaixo: *"A que* compararei o seu amor? Amor este, abnegado, protetor, despojado, amigo, cúmplice e ilimitado, amor que sempre vê esperança onde outros não veem, que permanece firme enquanto outros desistem; que compreende enquanto outros duvidam, que é altruísta em meio a tantos que se portam com egoísmo. Só há um amor que se compara ao seu: o AMOR DE DEUS, pois Deus quando mostra as diversas facetas do seu amor, sempre nos reporta as atitudes de uma mãe. Quando mostrou sua indignação para com Israel, externou a sua ira no exemplo de uma ursa roubada dos seus filhos dizendo: "Como ursa roubada dos seus filhos lhes sairei ao encontro, e lhes romperei as teias do coração; e ali os devorarei como leoa; as feras do campo os despedaçarão" (Os.13:8). Quando quis mostrar para Jerusalém o quanto queria uni-la e protegê-la exclamou: "Jerusalém, Jerusalém, que matas os profetas, apedrejas os que a ti são enviados! quantas vezes quis eu ajuntar os teus filhos, como a galinha ajunta os seus pintos debaixo das asas, e não o quiseste!" (Mt.23:37). Quando mostrou a sua proteção para com Israel tomou o exemplo de uma águia e declarou: "Como a águia desperta o seu ninho, adeja sobre os seus filhos e, estendendo as suas asas, toma-os, e os leva sobre elas, assim, só o Senhor os guiou..." (Dt.32:11). Novamente, quando quis mostrar o seu cuidado a Israel disse: "pode uma mãe esquecer-se do seu filho que amamenta, de maneira que não se compadeça do filho do seu ventre? Mas ainda que esta se esquecesse, eu, todavia, não me esquecerei de ti" (Is.49:15).

*Portanto, mãe, o seu amor é o único que tem a centelha divina, é o único que se compara ao **amor de Deus** e que de forma comparativa revela este amor.*

Para finalizar, quero traduzir o seu nome, com palavras que fazem jus a sua magnitude e que nos expõe de forma maravilhosa a sua grandeza.

Mãe: **M**estra

do **A**mor por

Excelência.

Assim vejo uma mãe, alguém incapaz de praticar o abandono, fazer um aborto, executar um assassinato, de fazer uma doação desnecessária, mas, infelizmente vivemos hoje, os dias em que houve consideravelmente o aumento da iniquidade. Portanto, podemos afirmar, fazendo uso de uma expressão popular bem corriqueira, que não se fazem nem mães como antigamente. Essa afirmativa faço, para narrar dois casos que conheci, os quais servirão de exemplos para vermos que de fato não são todos os que se qualificam como pais especiais.

Um casal, que se casou bem novo, ao se casarem, mudaram para o Japão, ali tiveram sua vida normal de casados, curtiram, se amaram, tiveram seus momentos de deslumbre da relação e por fim tiveram um filho. Logo em seguida voltaram para o Brasil, o filho foi crescendo e ficou perceptível que era uma criança especial, foi diagnosticado com autismo, tal notícia chocou os seus pais, começaram a lidar com a situação e bem no início da jornada, o pai abandonou a mãe e o filho e se casou com outra. Aqui temos o caso do abandono praticado pelo pai, pois a mãe ficou firme, buscou conhecimento sobre a síndrome e se especializou no cuidado para autistas; hoje em dia trabalha com várias crianças autistas junto com outras mães, cuidando de seus filhos.

O caso mais chocante que fiquei sabendo foi de uma criança com Duchenne (DMD), a mesma patologia do meu filho, que deu entrada para internação no Hospital Regional, na capital. Os pais o acompanharam por alguns dias e depois desapareceram, deixando a criança no Hospital, a qual encontrou depois os pais especiais que Deus procurava. Foi adotada pelo fisioterapeuta e sua esposa.

São apenas dois exemplos que fiquei conhecendo, mas com certeza, vários outros acontecem pelo mundo afora, casos de doações desnecessárias, abortos, por mães que se recusam ter seu filho, depois de ter conhecimento de que nasceria especial, outros, de pais que ficaram sabendo que o filho é especial, depois de nascido, e o abandonaram, como o caso que citei, e de pais que absurdamente matam seu filho por não conseguir lidar com a situação.

Somente Deus, pode nos dar todo o sustento, sabedoria, graça e suprimento, para darmos conta de administrar uma situação como essa. O que nos alenta é saber que o Deus que nos prova, é o mesmo Deus que nos dá todo o suporte necessário. A sua vontade vai sempre nos conduzir de modo que a sua graça sempre nos alcance. Mas, isso é uma questão de fé, quando cremos em Deus, em sua infinita bondade, fica fácil, pois teremos dele o socorro bem presente em todo o tempo. É como diz o apóstolo Paulo: *Nós somos aqueles que têm esperança,* a qual é exemplificada por ele como a âncora da alma.

10.

PAI VEM ME FAZER UM CARINHO!

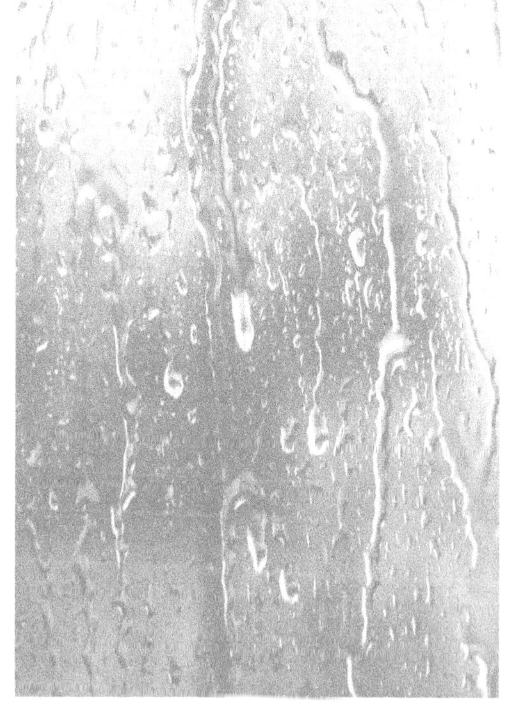

Nos últimos dias do mês de Janeiro de 2019, a minha esposa percebeu que os parâmetros cardíacos do nosso filho estavam muito descompensados, havia uma alteração considerável que alternava para mais e para menos muito rápido. Naquele mês, as estrias que formaram em suas costas, por consequência do corticoide estavam mais avermelhadas, o que nos preocupava bastante.

Solicitamos a presença do médico, o Dr. Ivan Rios, que era o médico do Home Care, o qual verificou que uma das estrias abrira, provocando uma pequena fissura em suas costas, sugeriu que colocássemos uma placa de hidrocolóide, para impedir que abrisse mais. O Dr. Ivan nos orientou a levá-lo para o hospital, pois se acontecesse algum agravo, ele já estaria em uma estrutura que pudesse lhe dar um suporte mais efetivo. O Levamos e o internamos naquele mesmo dia. Foram feitos exames laboratoriais que mostraram um quadro infeccioso preocupante, entraram com as medicações devidas e aguardamos para ver se apresentava melhoras. Depois de algumas horas, vimos que não melhorava, o Dr. Ivan entendeu que fosse melhor levá-lo para uma UTI, pois lá tinha aparelhos adequados inclusive para suporte respiratório.

Aquele episódio, me levou a uma retrospectiva dos momentos vivenciados na UTI em 2014. Pensei: Meu Deus! Vai começar tudo de novo! Pedia força ao Senhor, para passar por aqueles momentos. Estavam ali conosco todos da equipe do Home Care, as técnicas de enfermagem, a enfermeira Jéssica, a Drª Arleide, a Drª Edilaine e o Dr. Ivan. Éramos como uma família, o Judá para eles era como um filho. Precisávamos fazer plantões para acompanhar e cuidar dele, como fizemos em Porto Velho; a Drª Edilaine atendia naquele hospital prestando seus serviços de fono, conversou com a equipe da UTI, e pediu a autorização para fazermos os plantões e facilitou para mim, pedindo para a equipe da UTI, que me consultasse e me escutasse, sobre a patologia do meu filho, pois dizia a eles que eu era muito entendido do assunto. Isso de fato facilitou a minha vida ali.

Os plantões começaram, eu ficava das 07h ás 15h, a minha esposa, das 15h às 24h e a Jéssica das 00h às 07h. Eu olhava para ele e via aquela contínua esperança de vida, o desejo de continuar, apesar das circunstâncias. No segundo dia, houve uma melhora considerável, a saturação estava normal, os parâmetros cardíacos estavam normalizando, mas a abertura nas costas agravou, pois além daquela pequena fissura aconteceram outras e virou quase que uma única e grande abertura.

No terceiro dia, a Jéssica teve que se ausentar, porque estaria em reunião com a equipe do Home Care, eu e a minha esposa tivemos que assumir os plantões, a partir de então fazíamos doze horas cada um. No quarto dia, ao assumir o meu horário, a minha esposa que estava me entregando o plantão me disse: Amor, conversa com o Judá, eu orei muito com ele essa noite, falamos muito sobre a sua situação, ele acha que vai morrer e disse que estava com medo. Recebi aquela informação com um nó na garganta, com o coração dilacerado. Foi um dia muito agitado, os parâmetros voltaram a descompensar, ele se sentia muito cansado, com níveis altos de estresse, pediu para eu dizer para a médica de plantão que desse para ele um calmante. Conversei com a médica e ela disse que iria ministrar um sedativo a ele. Naquele mesmo dia, tivemos que trocar a cânula da sua traqueostomia, pois já estava no tempo de ser trocada, a qual facilitaria o fluxo de ar para o seus pulmões. Foi feita a troca, ele já estava com ventilação mecânica, ligado aos aparelhos para suporte respiratório.

A fisioterapeuta do hospital, que estava de plantão, estava no controle do aparelho, o qual encontrava-se com os parâmetros ideais para um paciente nas condições dele; mas ele reclamava que não estava bom e pedia para aumentar. Ela me dizia, Pai, não posso aumentar mais! Ele poderá não aguentar. Foi então, que comecei a perceber que algo de ruim estava acontecendo com a vida do meu filho. Tivemos um momento de sossego dentro do ambiente, pois todos os procedimentos já haviam sido feitos, ele havia tomado banho, estava calmo e um pouco sonolento, eu estava sentado em uma cadeira de frente para ele, havíamos conversado um pouco sobre a sua situação. De repente, em meio a um total silêncio, ele me chamou: Pai! Eu respondi: Oi, filho! O que você quer? Ele disse: Vem fazer um carinho na minha cabeça. Eu levantei com o coração esfacelado, comecei a passar a mão em sua cabeça e dizer a ele o quanto nós o amávamos, que ele tivesse paz, pois Deus sabia de tudo e todas as coisas estavam em seu controle. Ele fechou os olhos e adormeceu por um instante. Aquele pedido, foi como uma despedida, foi o seu último pedido a um pai em que embora tivesse sangrando o coração, tinha esperança que algo poderia acontecer.

Aconteceu a troca de plantão, a minha esposa chegou, assumiu o plantão, passei para ela algumas informações do que havia acontecido e fui para casa. No caminho, eu comecei pensar o que viria depois daquele momento. O meu filho estava no grau avançado da degeneração provocada pela patologia, pouquíssimos movimentos, somente com os dedos e bem limitado e, respirando com muita dificuldade, percebi que, se ele fosse curado daquela situação, mas permanecesse naquelas condições, voltaria para casa com uma situação pior do que quando fora para o hospital, ou seja, retornaria praticamente sem nenhum movimento e dependente 100% de suporte respiratório.

Estaria sempre ligado a uma bala de oxigênio e com uma ferida terrível nas costas que seria difícil ser curada, devido às suas posições na cama. Então orei e disse ao Pai: *"Senhor, se a ti não aprouver curar o meu filho dessa doença, dando a ele condições para uma vida normal, eu te peço, em nome do nosso Senhor Jesus, leve-o para ti, não nos permita mais sofrimento, além do que já tivemos todos esses dias".* Acredito que o Senhor queria que eu fizesse aquela oração, foi uma entrega total, diferente dos dias na UTI em Porto Velho, ali as nossas orações eram pedindo cura, restauração e para que ele vivesse mais, por isso, acredito que, o Senhor de repente quisesse levá-lo naquele ano, mas devido as nossas súplicas Ele nos permitiu ficar com ele mais quase cinco anos.

Cheguei em casa, e fui a casa da minha mãe, que na ocasião morava ao lado da minha casa. Ela perguntou como estava ele, relatei os fatos e disse a ela sobre a oração que eu tinha feito. Ela com os olhos lacrimejando me disse, que havia uns dias que estava buscando coragem para me dizer que eu deveria fazer o que fiz, me contou que quando a sua filha mais velha, a minha irmã Maria Nilda, que sofria de epilepsia, estava naquela luta intensa contra a doença, uma vizinha, que tinha ouvido as orações dela, disse: "Amiga, porque você não ora diferente, peça a Deus para levá-la, acredito que Ele não fez isso ainda, por ouvir os seus lamentos." A minha mãe escutou aquelas palavras e alguns dias depois fez aquela oração de entrega e o Senhor a levou. A minha mãe me disse: Filho, fez a coisa certa, se continuasse, seria muito sofrimento inclusive para ele. Ouvi atentamente e em seguida fui para casa.

Lá no Hospital, a minha esposa já estava desesperada, o nosso filho estava partindo. Toda a igreja começava a se mover, alguns irmãos foram para o hospital e outros foram para minha casa, as notícias corriam via telefone e tudo o que ouvia é que ele estava indo, por fim veio a notícia final. O Judá partiu, foi para o Senhor. Naquele momento, ergui as mãos para o céu e orei agradecendo a Deus, por ter me dado aquele filho, por ter nos suprido, ter zelado e cuidado de nós todo aquele tempo.

Foi para mim, um momento ímpar, ao mesmo tempo em que sentia profundamente a perda de alguém tão importante para mim, o meu único filho, conseguia agradecer ao Pai, por tanto amor e cuidado dispensados a nós.

11.

MENSAGEM DA JÉSSICA, UM ANO DEPOIS

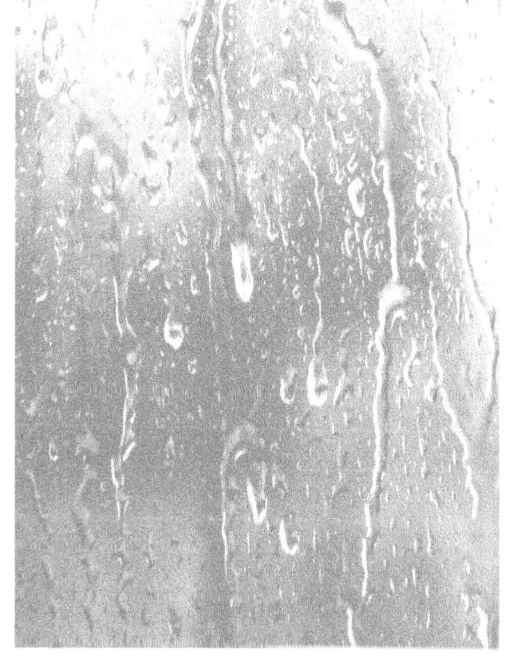

Separei todo este capítulo, para uma narrativa, que para mim é para lá de especial. São palavras verdadeiras que emanaram de um coração tão amável, altruísta e generoso. São as palavras da sua amiga/irmã, a enfermeira Jéssica, à quem temos uma dívida impagável, que hoje em nossos corações ocupa o lugar de uma filha.

"Fez um ano... Fez um ano que o vi pela última vez, fez um ano que não o vi mais em seu quarto e faz um ano que guardo na memória muitas histórias, aquelas que dariam um bom livro. Judá foi um menino que vi pela primeira vez, por volta dos seus 9 dias de vida, lembro certamente de como olhei pra ele, era tão silencioso que hoje confesso, coloquei o dedo perto do seu nariz para sentir sua respiração, porque pensei... como pode ser tão sereno?! Emfim, foi emocionante. Essa cena me lembro bem! Nem sabia eu que viveria uma história e tanto ao seu lado; uma história que me custou muitas decisões difíceis, e muitas outras bem facinhas. Estas, quando ele pedia pra sua mãe me chamar pra ver filme com ele e ajudá-lo a brincar com seus brinquedos.

Judá, uma criança muito esperada que ao nascer trouxe muitas alegrias, expectativas e emoções. Cresceu, e seu desenvolvimento foi visto como normal até ser identificado atrasos de desenvolvimento motor por volta dos três anos de idade pois não corria na velocidade das crianças de sua faixa etária, se cansava muito rápido. Essas características me permitiram fazer uma viagem com ele e sua mãe, fomos à Goiânia buscar respostas para o que achávamos estranho. Tirando as consultas e idas aos hospitais me lembro bem de como aproveitávamos cada tempinho para brincar, construíamos zoológicos, cidades que eram invadidas por dinossauros, pista de corridas que na maioria das vezes os carros ficavam só estacionados (pois corridas custavam muitas energias para Judá) então nós preferíamos as histórias mais tranquilas... Bom, voltamos de Goiânia sem resposta e nem imaginávamos o que iríamos enfrentar em um breve futuro.

Talvez estivéssemos tendo oportunidade de sofrer menos antecipadamente, porque a vida não seria fácil depois de uns anos. Continuando, após alguns anos tive outra oportunidade de viajar com ele, agora seria para São Paulo, mas nessa viagem já tínhamos o diagnóstico e Judá depois dos sete anos já estava em uma cadeira de rodas, ele tinha distrofia muscular de Duchenne, uma doença que faz qualquer mãe e pai ficarem perplexos; e qualquer amiga querer que tudo fosse mais fácil. Depois de sete anos tinha a sensação que já havia vivido tantas emoções com ele. Havia ajudado aprender a nadar, andar de bicicleta, feito tarefa para ele quando estava cansado, tirado fotos engraçadas, aprendido a trilha sonora dos filmes: Rei Leão, Tarzan, Spirit, o Corcel Indomável, e de ter zerado Mário World. Isso tudo porque minhas férias do meio e fim do ano já eram comprometidas com ele, sem contar os finais de semana que eu não conseguia falar, não! Vamos continuar a jornada. Uma cena marcante em São Paulo aconteceu no apartamento de um casal de amigos que nos recebeu para nos hospedar enquanto continuavam as consultas. Judá queria muito um brinquedo e esse brinquedo ele queria comprar em São Paulo, havia visto em uma propaganda na TV. Fomos à busca do brinquedo, no Shopping conseguimos encontrar, foi uma festa, eu levei a grande caixa para ele e voltamos planejando como seria a brincadeira, quem seria os personagens e etc. Ao chegar no apartamento, abri a grande caixa, coloquei em cima da cama e descobrimos juntos que o brinquedo era grande demais, Judá não conseguia movimentar os animais, ele olhou pra mim, e não precisei de nenhuma palavra para entendê-lo. Assumi o controle da brincadeira comecei a imitar os animais, fui explorando os botões e fazendo piadas, confesso que naquele momento me deu um nó na garganta, mas o brinquedo era tão legal e mostrei pra ele que daria para se divertir daquela forma. O cenário poderia não ser favorável, mas podíamos escolher atuar da melhor forma. Fiquei feliz em ver como ele se satisfez com nossa interação. Muitas histórias em São Paulo; mas nossa jornada com mais pedregulhos estava por vir. A adolescência estava chegando e nossas brincadeiras com animais haviam diminuído, pois Judá falava que eu tinha crescido e adultos não sabiam brincar com a mesma graça das crianças, acredite, ele falava isso pra mim, mais de uma vez, muito mala! e ele realmente achava que era meu irmão mais velho, falava que eu tinha que ir na casa dele, que tinha descoberto uma forma de passar as passagens secretas dos jogos que queríamos zerar e queria também determinar quem seriam meus amigos. Deixava-o acreditar que estava me controlando e às vezes eu não queria acreditar que ele estava de fato me controlando. Judá era amigo fiel, uma cisterna de sinceridade, conservador, nerde, sistemático; quem o conheceu de perto sabe bem o que estou falando.

Preciso encurtar a história, mas é bem certo que ficaria dias descrevendo muitos episódios marcantes. Outra viagem foi para Porto Velho, passamos 3 meses em uma UTI da meia noite às 8 horas eu o acompanhava em sua Jornada de vida, nós continuamos assistindo filmes, ele ficou muito bom nos jogos e eu não evoluí nesse quesito por isso não deixava mais eu jogar em seu PC, tudo bem, mas as melhores piadas eram as minhas porque ele ria mesmo se esforçando para ficar sério. Muitas histórias eu teria para descrever.

O melhor é saber que ele deixou boas marcas por onde passou, ensinando profissionais da saúde a lidarem com sua doença, seus pais a serem mais fortes, amigos a serem fiéis, ensinou que a vida não é fácil, mas dá pra fazer valer a pena, que dá para amar a Jesus independente das circunstâncias, ensinou uma amiga colecionar boas histórias ao seu lado e escolher lembrar também dos momentos felizes."

By Jéssica Souza.

12.

PAIS, EU VOS ESCREVO...

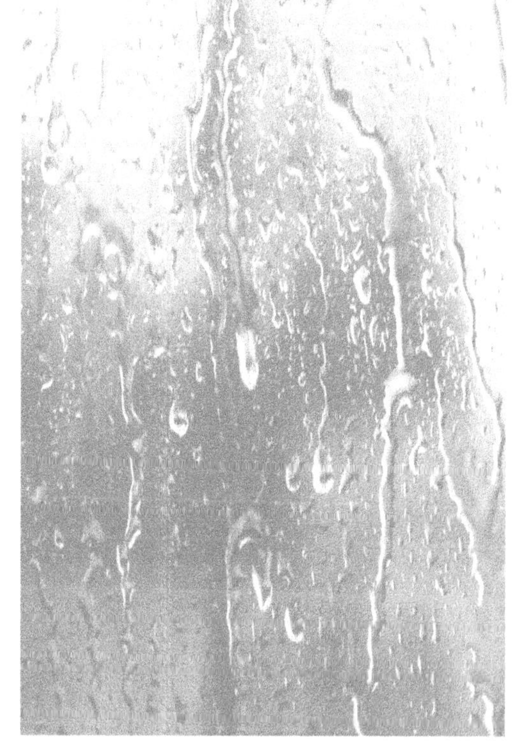

Separei este capítulo, para falar aos pais, sei que não é fácil a missão de serem pais, mas entendo, que a partir do momento em que nos casamos, aceitamos a proposta de Deus, de constituirmos uma família, e termos por consequência os filhos. É sabido que alguns, quando pensam em um casamento, não estão preocupados com a família e ter filhos, mas com a curtição da vida, o sexo e outras coisas mais.

O título foi baseado no versículo treze do capítulo dois da primeira carta de João, que diz: *"Pais, eu vos escrevo, porque conheceis aquele que é desde o princípio..."* O apóstolo João, ao mesmo tempo em que trata neste capítulo dois, do novo mandamento (o amor, como Jesus amou), fala também dos enganos, e mentiras impetrados pelo anticristo. Quero me valer desses dois aspectos para elaborar esta carta capítulo aos pais. <u>O Primeiro Aspecto,</u> é sobre o amor, e para essa análise precisamos responder uma pergunta: Porque João fala que é um novo mandamento, se na Lei de Moisés, já havia esse mandamento? A resposta está na condicionante através da qual Deus qualifica e especifica o amor. Então, precisamos fazer a leitura do aspecto do mandamento inicial, veja: *"Não te vingarás, nem guardarás ira contra os filhos do teu povo;* **mas amarás o teu próximo como a ti mesmo.** *Eu sou o Senhor" (Lv.19:18).* Essa escritura, dá a esse mandamento, como condicionante, um parâmetro que serviu para que os homens pudessem saber como de fato deveriam amar. Creio que o Senhor aplicou aqui a lógica do autocuidado, pois ninguém em sã consciência despreza o próprio corpo e o priva do suprimento das suas necessidades e seus cuidados. Ou seja, todas as vezes que alguém tivesse que dispensar o seu amor ao seu próximo, tinha como referência o cuidado de si mesmo. Olhando por esse prisma, já estaria muito bom dessa forma, se não fôssemos tão egoístas e egocentristas, pois com o passar do tempo, os homens descobriram uma forma egoísta de amar, e assim, não cumpriam cabalmente o mandamento. A condicionante: "...como a ti mesmo..." dava ao ser humano a possibilidade de amar do seu jeito.

Com o advento do Messias, Deus resolveu reformular tal mandamento, dando a ele uma condicionante, com mais nobreza e excelência. Olhando o versículo trinta e quatro do capítulo treze do Evangelho e João, Lemos: *"Um novo mandamento vos dou:* **Que vos ameis uns aos outros; como eu vos amei a vós**, *que também vós uns aos outros vos ameis" (Jo.13:34).* Nota que agora a condicionante tem um parâmetro mais excelente, pois a forma de amar passa a ser como Jesus nos amou e não a de amar como a nós mesmos. Nessa, impera o egoísmo e naquela o altruísmo. João narra em seu Evangelho, a fala de Jesus, quando apresenta o seu mandamento, o qual o próprio João, depois em sua carta fala que é o novo mandamento, mas quero realçar como foi esse amor, basta lermos atentamente essas escrituras: *"O meu mandamento é este: Que vos ameis uns aos outros, assim como eu vos amei"* (Jo.15:12). Perceba agora o que diz o versículo 13: *"Ninguém tem maior amor do que este: de dar alguém a sua vida pelos seus amigos"* (Jo.15:12-13). Essa foi a forma, dando a si mesmo, ele entregou a sua vida, por isso que quando a Palavra mostra como Deus amou o mundo, diz que foi de "Tal Maneira", ou seja, dando o seu filho unigênito. Falei sobre esse aspecto do amor de Deus, para lembrar, que o amor dos pais deve ser assim: incondicional, abnegado e altruísta; para tanto, Deus nos capacita nos dando do seu amor. Quando expus neste livro aquela poesia sobre o amor de mãe, foi exatamente para mostrar, que o amor dos pais deve ser a centelha do amor divino, só assim os filhos serão bem cuidados, protegidos e educados para serem devolvidos para o Senhor.

Vale considerar, que no mundo animal, há vários casos de machos e até fêmeas que matam suas crias, por causa do domínio, do sexo e até da eliminação de ameaças futuras do novo clã. Reforço que isso acontece no mundo dos animais irracionais, daqueles que não têm uma consciência da existência de Deus, nem do cunho moral da vida. Mas, há registros de casos nos nossos dias, em que alguns seres humanos tem se portado como os animais, em vez de proteger, cuidar e amparar seus filhos, os abandonam, matam no ventre, doam sem necessidade e até matam depois de nascidos, como já citei antes. Mas, Deus espera que não seja assim, foi exatamente por isso que fomos criados diferentes dos animais, temos corpo, alma e espírito, temos a consciência da existência de um Deus criador, salvador, misericordioso e justo juiz. Bem, vamos falar do <u>Segundo Aspecto</u>, João fala no versículo dezoito, que já é a ultima hora; e, como ouvimos que vem o anticristo, faz questão de dizer que também agora muitos se têm feito anticristos. Quero me ater neste detalhe, "muitos se têm feito anticristos", pois incorporaram em suas vidas as práticas e sentimentos deste mundo corrompido e materialista; pais que pensam em suas profissões, nos seus negócios em seus empreendimentos e pouco em sua família, não sobra tempo para suas famílias e consequentemente aos seus filhos, entendem que dando para os filhos casa, comida, roupas, brinquedos, bens e uma boa faculdade, é o suficiente; oferecem todas essas opções, mas não lhes dão amor, carinho, atenção e nem se preocupam em criá-los na disciplina e admoestação do Senhor. Essa atitude de anticristo, não faz coerência com o mandamento de Cristo, a ordem não foi dar bens e conforto, mas, dar amor.

Aproveito para narrar um fato relacionado com isso que estou dizendo: Um irmão de fé me convidou para ir à casa de um casal que ele havia contatado para falar de

Jesus, esse casal estava passando por sérios problemas conjugais, uma verdadeira crise; aceitei o convite e fui, quando cheguei a casa daquele casal, a cena era chocante, ele estava na cozinha e ela na sala com as malas prontas para ir embora. Eu me apresentei e começamos a falar da Palavra de Deus, do amor de Jesus e da necessidade de preservar o casamento. O irmão que me convidou havia adiantado alguns aspectos, relacionados ao marido (tinha uma história na carreira profissional parecida com a minha, trabalhava em um Banco). Entendi ser oportuno dar o meu testemunho. Falei para ele, da minha história relacionada a minha carreira profissional, pois havia chegado um momento que eu tive que abrir mão da carreira profissional, deixei de lado o currículo de gerente para cuidar melhor da minha família e do meu compromisso com a obra de Deus, tive que abrir mão de ganhar mais, tive que reduzir custos e baixar o meu padrão de vida. Mostrei a ele que embora tivera que fazer isso, sempre tinha de Deus o suprimento necessário para administrar bem a minha casa. Após a minha narrativa, a esposa, com um tom de choro e com lágrimas nos olhos, confidenciou a sua história e disse: "Quando nos casamos, ele tinha apenas uma bicicleta, éramos muito felizes, até o dia em que ele passou no concurso do Banco do Brasil, se engajou na função de gerente e daí, começou a priorizar a sua carreira profissional, vieram os assédios, e a sua vida se tornou um verdadeiro antro de fornicação, já tentei de todas formas recuperar o nosso casamento, mas chegamos ao fim, não dá mais". Voltei-me para aquele homem e perguntei o que valia mais para ele, a sua família ou o seu emprego; a sua resposta foi saindo pela tangente. Disse que não poderia deixar a sua profissão. Em palavras claras, estava me dizendo que o seu emprego valia mais. Esse é o pensamento materialista do mundo, dar prioridade ao "ter" e não ao "ser", eu havia dito a ele que a minha razão de ter o trabalho é porque eu tinha a família e não o contrário, mas ele pensava exatamente avesso a essa idéia. Nota que o mandamento de amar, era algo que não fazia parte do seu dicionário, pois o amor a sua família, sua esposa e filhos estava relegado a segundo plano, ou sabe-se lá se estava pelo menos em algum dos seus planos. A aplicação desse mandamento ganha um realce maior ainda, quando se trata de um filho especial. Nesse caso, o amor deve ser praticado na abrangência da sua essência, ele será revelado diariamente, no cuidado específico, observando minunciosamente cada detalhe necessário, sua atenção estará pronta a ouvir cada pedido a ser atendido com a maior tempestividade possível, o serviço prestado que deverá ir além da eficiência, da eficácia, deverá ser entregue na excelência da efetividade.

Nesta entrega, devemos ver o amor se manifestar com todas as suas virtudes, sem deixar para trás nenhuma delas, embora em algumas situações uma seja mais realçada que a outra.

Paulo descreve esse amor na sua carta aos corintos e diz: *"O amor é sofredor, é benigno; o amor não é invejoso; o amor não trata com leviandade, não se ensoberbece. Não se porta com indecência, não busca os seus interesses, não se irrita, não suspeita mal; Não folga com a injustiça, mas folga com a verdade; Tudo sofre, tudo crê, tudo espera, tudo suporta. O amor nunca falha"* (1Co.13:4-8). Analisemos a expressão: "sofredor" não tem como cuidar de uma pessoa especial, sem sacrifício, pois haverá momentos que o amor sofredor deverá entrar em cena e a expressão "benigno", elevará esse amor para além da bondade; pois a benignidade está relacionada com o caráter do indivíduo, enquanto que a bondade consiste nas suas atitudes; numa acurada avaliação conclui-se que ela é a exteriorização, em forma de ações da benignidade.

O apóstolo fala do amor que tudo sofre, tudo crê e tudo suporta. Não há nenhum ambiente mais adequado para a prática dessas virtudes, que o cuidado com um filho especial. Você sofre cada dor, crê, mesmo não vendo, se firma em cada esperança e suporta cada demora, cada pergunta sem resposta, cada incompreensão e cada desprezo. Mas, quero finalizar essa análise com a palavra do apóstolo Paulo: *"O amor nunca falha"*. Ele sempre acertará, mesmo diante da incompreensão e negação das pessoas. É o caminho sobremodo excelente, dito pelo apóstolo, com o tom mais doce da sua voz. Mas, estou escrevendo esta carta capítulo para todos os pais e o apelo é que priorizem as suas famílias, amem os seus filhos, corrigindo-os, ensinando-os e instruindo a amarem o Senhor, a terem em suas vidas esse amor, como supremo, porque só assim eles conseguirão depois temerem a Deus e obedecerem aos seus mandamentos, conseguirão priorizar o Reino de Deus e a sua justiça, entendendo que as outras coisas o Senhor lhes acrescentará.

Pais, lembrem-se que antes de devolverem seus filhos para Deus, eles também formarão novas famílias, e tudo o que precisarão é de um legado que os capacitarão a dar continuidade a essa forma de amar. Se não compreenderam corretamente ou não foram ensinados, farão do jeito deles, que por consequência é o jeito anticristo de atuar, darão sequência ao pensamento de um mundo que jaz no maligno e comprometerão a sua posteridade e até a sua vida eterna.

Quando os pais não têm essa atitude, só saberão como será o reflexo de tudo isso, quando os perderem. Falo em caso de morte, uma perda definitiva. Esses pais amargarão em suas consciências o peso de não terem obedecido a esse mandamento, estarão clamando a Deus por uma segunda chance que não existirá.

Portanto, *Pais, eu vos escrevo, porque conheceis aquele que é desde o princípio*, o Deus justo e galardoador daqueles que lhe obedecem. Façam tudo de acordo com as Escrituras, para terem o privilégio de no fim da carreira, devolverem seus filhos ao Senhor, santos e irrepreensíveis, a fim de que estejam com ele na eternidade.

13.

GALERIA DE FOTOS

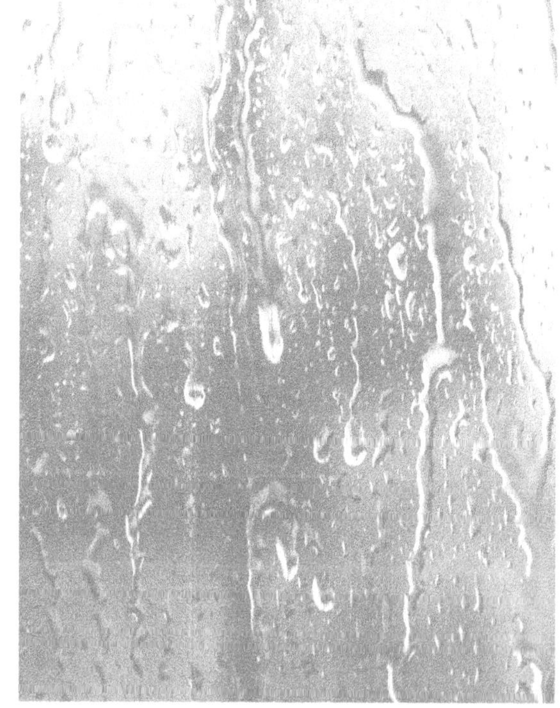

COM A MAMÃE AINDA BEBÊ

COM O PAPAI AINDA BEBÊ

BRINCANDO COM A AMIGA/IRMÃ JÉSSICA

BRINCANDO COM A AMIGA/IRMÃ JÉSSICA

NA PISCINA COM A AMIGA/IRMÃ JÉSSICA

NA PISCINA COM A AMIGA/IRMÃ JÉSSICA

COM SEU AMIGO/IRMÃO MARCO ANTÔNIO

QUANDO AINDA PODIA LEVANTAR AS MÃOS PARA LOUVAR

NO FUTEBOL, QUANDO SUSPEITEI DA SUA PATOLOGIA

COM OS IRMÃOS DE RIO PRETO, DIEGO MARISA E SUA NETA.

COM O DR. PAULO BASSAN DA FAMERP RIO PRETO

COM O PAPAI E A MAMÃE EM RIO PRETO

NA SUA FORMATURA DA PRÉ-ESCOLA COM O PAPAI

O JURAMENTO DA SUA FORMATURA DA PRÉ-ESCOLA.

NA SUA FORMATURA DA PRÉ-ESCOLA

NA SUA FORMATURA DA PRÉ-ESCOLA

NO SEU ANIVERSÁRIO DE 8 ANOS PATROCINADO PELO EDMAR

NO SEU ANIVERSÁRIO DE 8 ANOS PATROCINADO PELO EDMAR

NO SEU ANIVERSÁRIO DE 8 ANOS PATROCINADO PELO EDMAR

NO SEU ANIVERSÁRIO DE 8 ANOS PATROCINADO PELO EDMAR

NO SEU ANIVERSÁRIO DE 8 ANOS PATROCINADO PELO EDMAR

NO SEU ANIVERSÁRIO DE 8 ANOS PATROCINADO PELO EDMAR

NO SEU ANIVERSÁRIO DE 8 ANOS PATROCINADO PELO EDMAR

NO ANIVERÁRIO DE 11 ANOS DO PRIMO PATRICK

NA HIDROTERAPIA COM O DR. VALTER

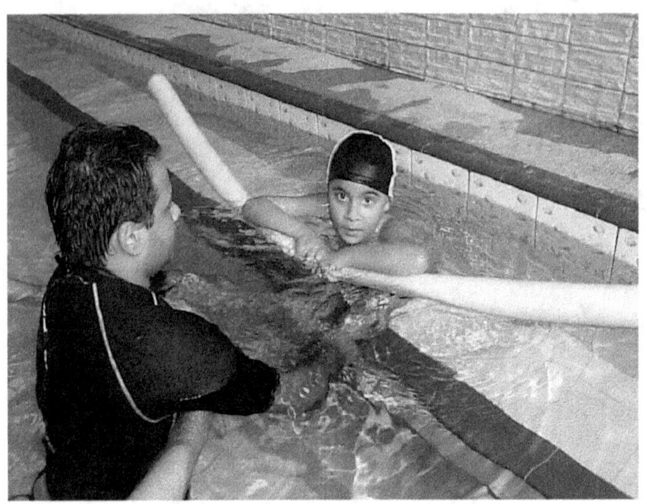

NA HIDROTERAPIA COM O DR. VALTER

NA HIDROTERAPIA COM O DR. VALTER

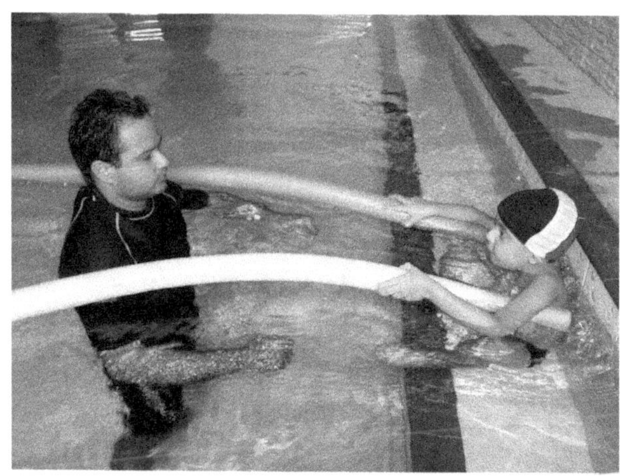

NA HIDROTERAPIA COM O DR. VALTER

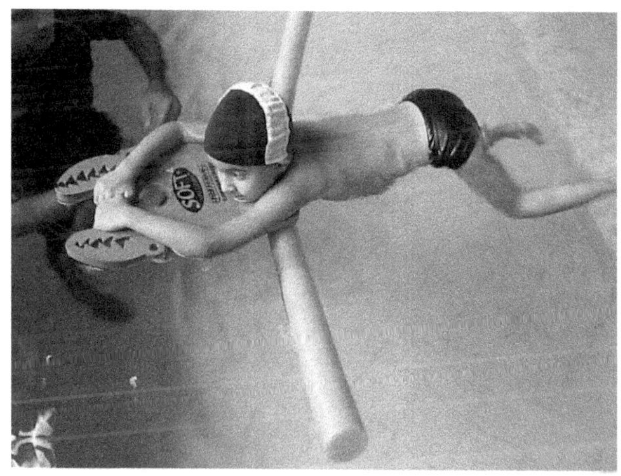

NA PRAIA DE PERUÍBE NOS OMBROS DO PAPAI

NA PRAIA DE PERUÍBE COM A AMIGA ÉRICA

NA PRAIA DE PERUÍBE COM A MAMÃE

NA CASA DO ROBERTO E IRACI COM AS AMIGAS LÁIS E ÉRICA

NA PRAIA DE PERUÍBE COM O PAPAI E A MAMÃE

NA PRAIA DE PERUÍBE COM A FAMILIA DO ROBERTO E IRACI.

EM SÃO PAULO NO HOSPITAL DAS CLÍNICAS (INSTITUTO DA CRIANÇA)

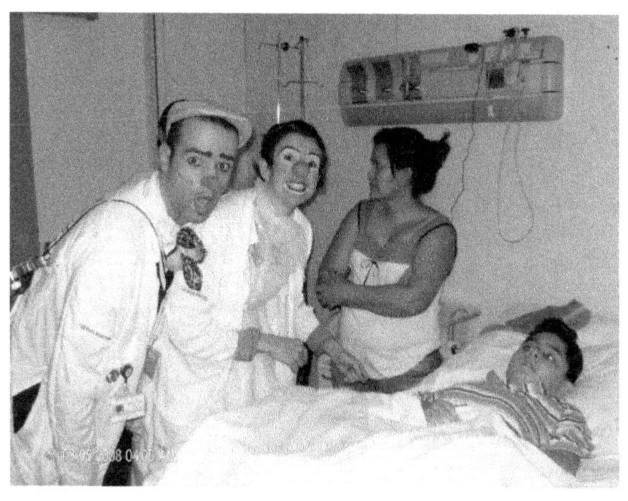

EM SÃO PAULO NO HOSPITAL DAS CLÍNICAS (INSTITUTO DA CRIANÇA).

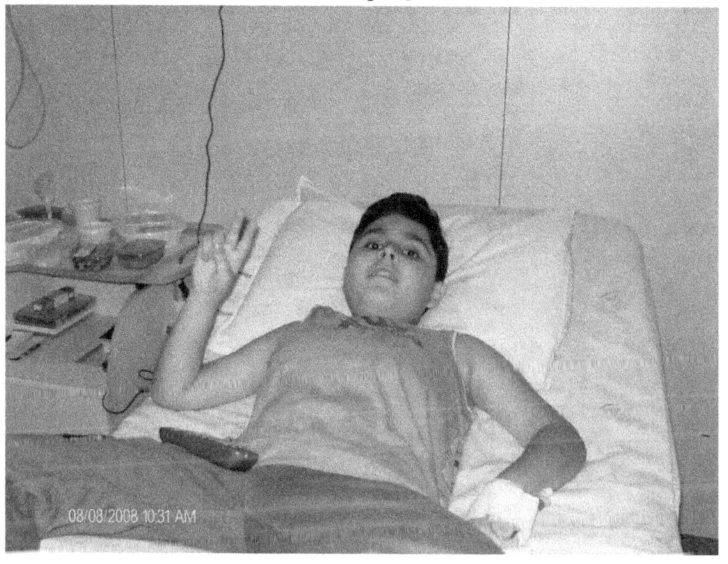

EM SÃO PAULO NO HOSPITAL DAS CLÍNICAS (INSTITUTO DA CRIANÇA).

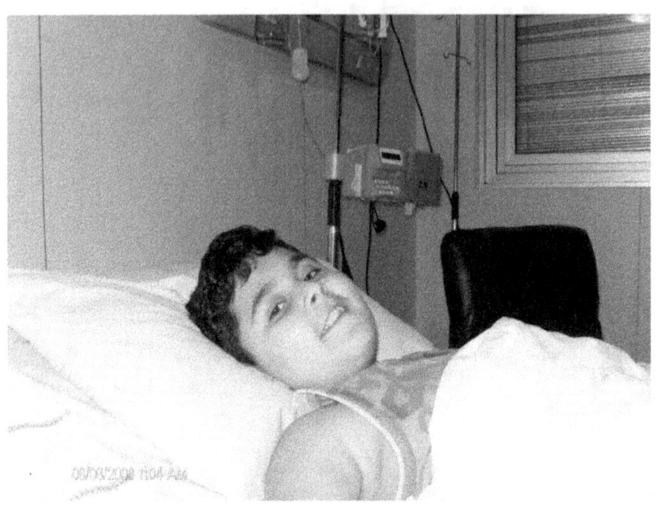

EM SÃO PAULO NO HOSPITAL DAS CLÍNICAS (INSTITUTO DA CRIANÇA) NA BRINQUEDOTECA.

EM SÃO PAULO NO HOSPITAL DAS CLÍNICAS (INSTITUTO DA CRIANÇA) NA BRINQUEDOTECA.

EM SÃO PAULO NO ZOOLÓGICO.

AS GIRAFAS.

O HIPOPÓTAMO

O RINOCERONTE

O TIGRE BRANCO.

A ONÇA PINTADA

O ELEFANTE

VISITA AO AQUÁRIO EM SÃO PAULO

VISITA AO AQUÁRIO EM SÃO PAULO

VISITA AO AQUÁRIO EM SÃO PAULO

VISITA AO AQUÁRIO EM SÃO PAULO

NO SEU BATISMO COM 12 ANOS

NO SEU BATISMO COM 12 ANOS

NO SEU BATISMO COM O AMIGO/IRMÃO MARCO ANTÔNIO

NO SEU BATISMO COM O AMIGO/IRMÃO MARCO ANTÔNIO.

NO SEU ANIVERSÁRIO DE 12 ANOS COM O SIMBA

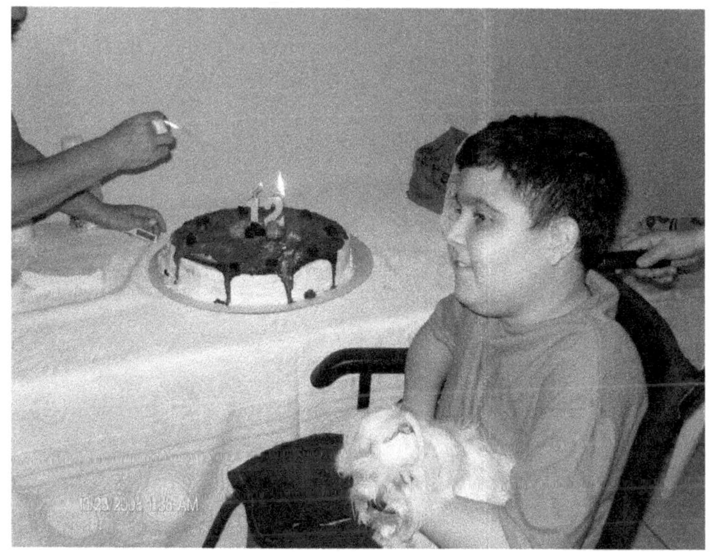

NO SEU ANIVERSÁRIO DE 12 ANOS COM O SIMBA

O MATERIAL DA PIPA QUE A CAIXA NOS PESENTEOU NO DIA DOS PAIS E QUE NÃO FOI MONTADA E NEM EMPINADA.

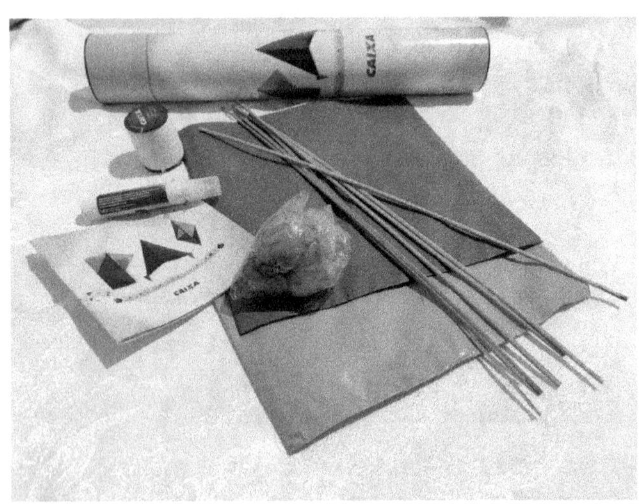

COM A AMIGA IASMIM

NA SUA FORMATURA DO NONO ANO COM O PAPAI.

NA SUA FORMATURA DO NONO ANO

NA SUA FORMATURA DO NONO ANO COM A MAMÃE.

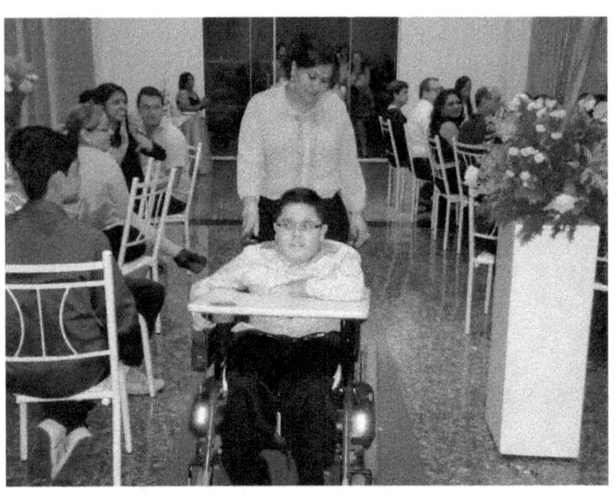

NA SUA FORMATURA DO NONO ANO COM A MAMÃE.

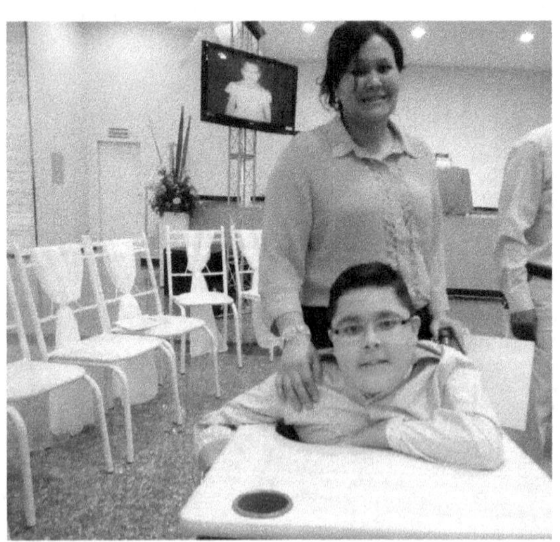

NA SUA FORMATURA (O tio Josué, os primos: José Henrick, Patrick e Érick).

NA SUA FORMATURA (Os primos: José Henrick e Patrick).

NA SUA FORMATURA DO NONO ANO COM A TURMA

NA SUA FORMATURA DO NONO ANO COM A AMIGA MARINA.

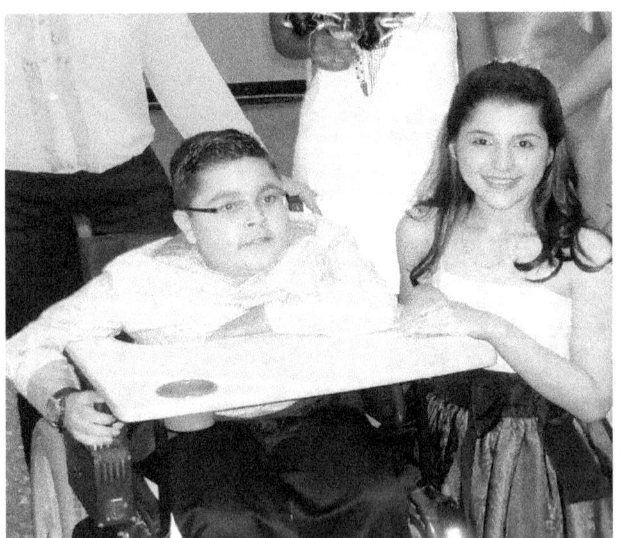

EM SÃO PAULO NA CASA DO IRMÃO LITERCÍLIO.

EM SÃO PAULO NA CASA DO IRMÃO LITERCÍLIO.

NA UTI DO HOSPITAL CENTRAL EM PORTO VELHO.

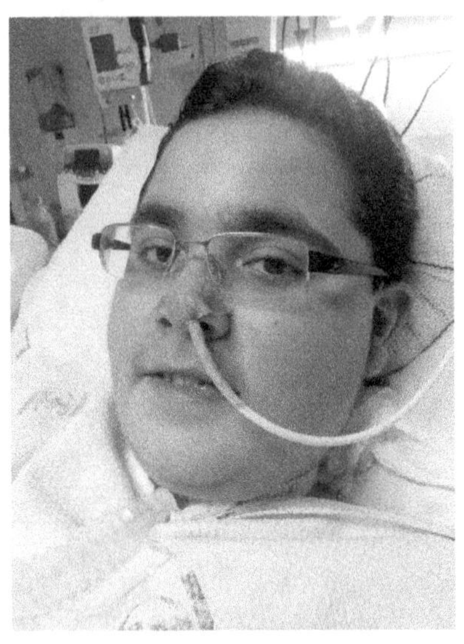

NA UTI DO HOSPITAL CENTRAL EM PORTO VELHO.

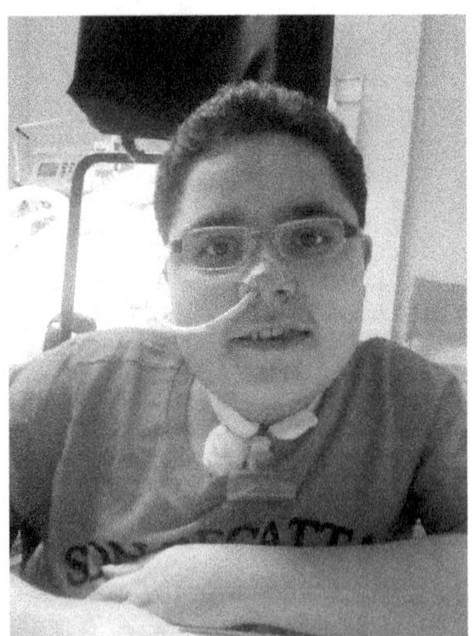

NA UTI COM A FISIOTERAPEUTA LAÍS.

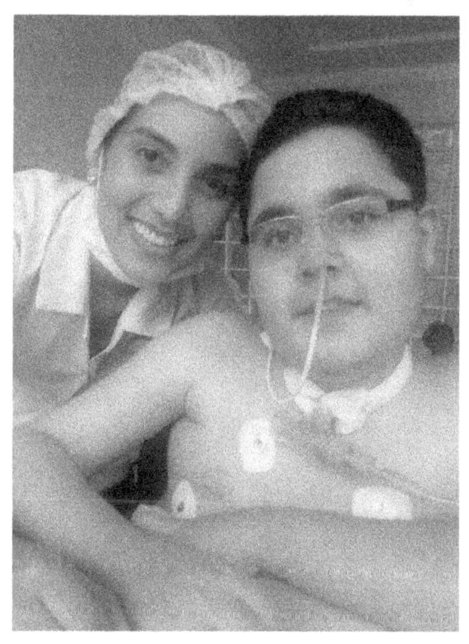

NA UTI COM A IGREJA DA NOSSA CASA.

NA UTI COMEMORAÇÃO DO SEU ANIVERSÁRIO.

NA UTI COMEMORAÇÃO DO SEU ANIVERSÁRIO COM A EQUIPE DE FISIOTERAPEUTAS.

NA UTI, OSTENTANDO A BARBA QUE GANHOU DE PRESENTE NO SEU ANIVERSÁRIO.

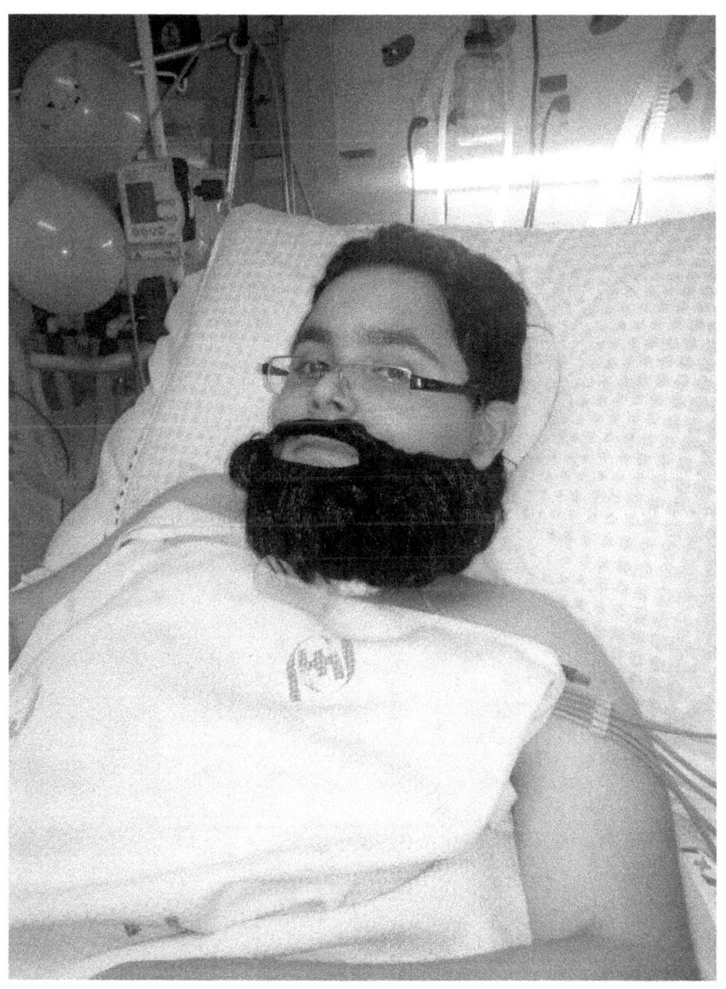

NA UTI COMEMORAÇÃO DO SEU ANIVERSÁRIO COM AS MÉDICAS SUZANA E TEMI BOSCH.

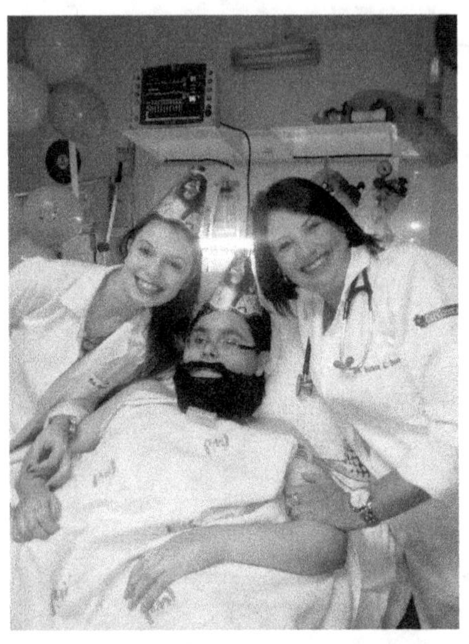

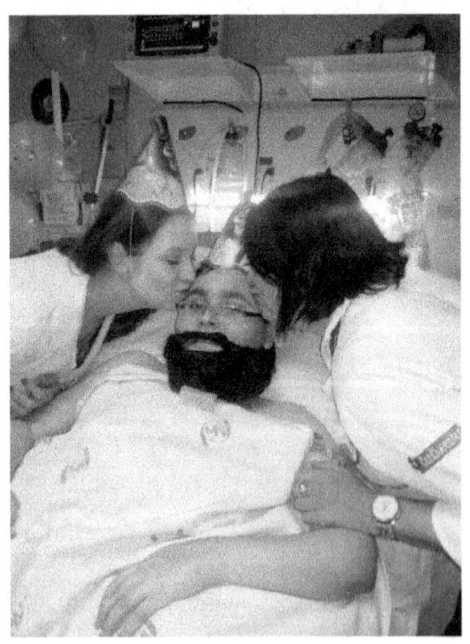

NA UTI COMEMORAÇÃO DO SEU ANIVERSÁRIO COM A FISIOTERAPEUTA DJANHA

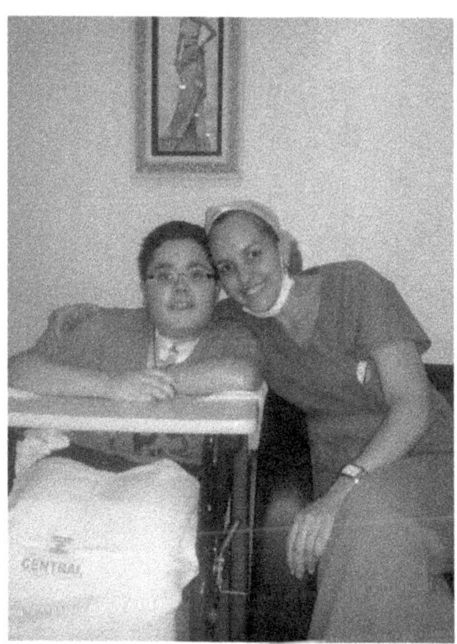

NA UTI COMEMORAÇÃO DO SEU ANIVERSÁRIO COM A VÓ PRETA.

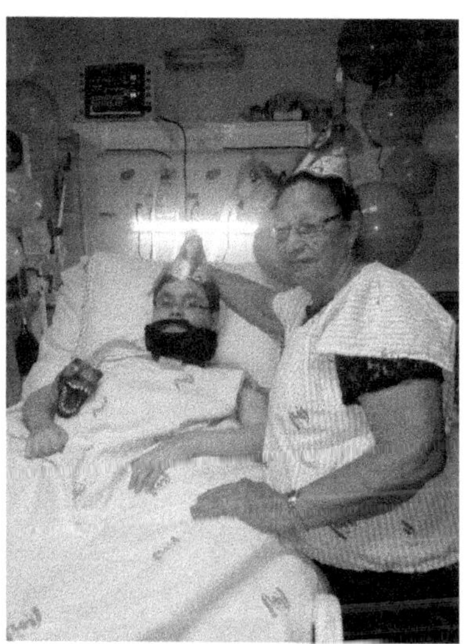

NA UTI COMEMORAÇÃO DO SEU ANIVERSÁRIO COM O PAPAI E A MAMÃE.

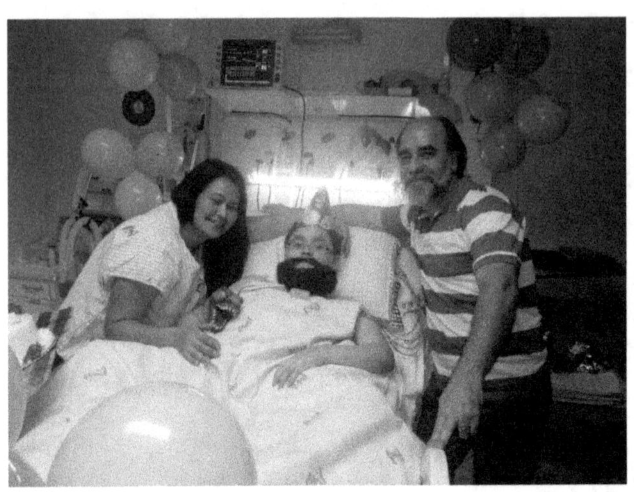

NO HOSPITAL CENTRAL EM PORTO VELHO COM A TIA IVANI E FAMÍLIA.

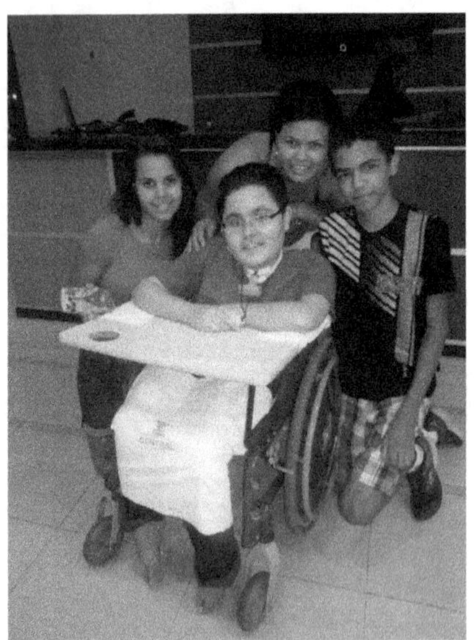

COM A TIA LIGIANE

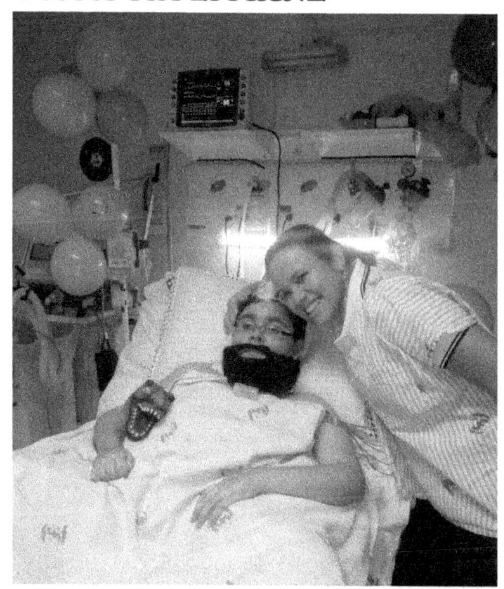

COM OS TIOS VALTEIR E CORDEUZA E A PRIMA PATRICIA

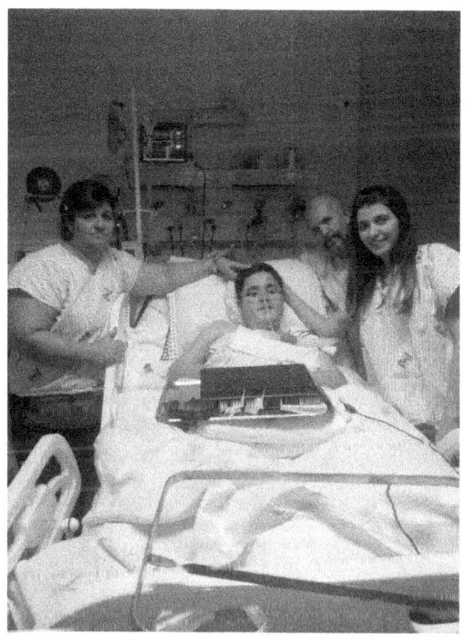

SAÍDA DO HOSPITAL COM A MAMÃE, RETORNANDO PARA CASA.

FAMÍLIA DO JOSÉ CARLOS E DÉBORA COM ÂNGELA E POLIANA. HOMENAGEM AO RETORNO DO JUDÁ PARA CASA.

EM CASA SENDO ALIMENTADO PELA AMIGA/IRMÃ JÉSSICA.

NO HOSPITAL (TROCA DA CÂNULA) COM CÍNTIA E JÉSSICA.

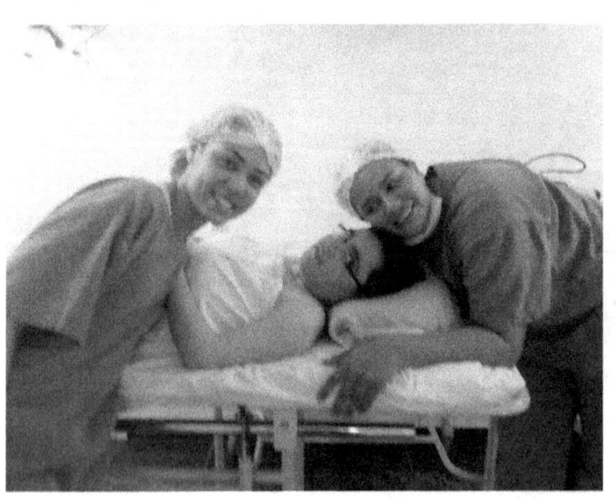

EM CASA NO HOME CARE COM JÉSSICA E A Drª ARLEIDE (FISIOTERAPEUTA).

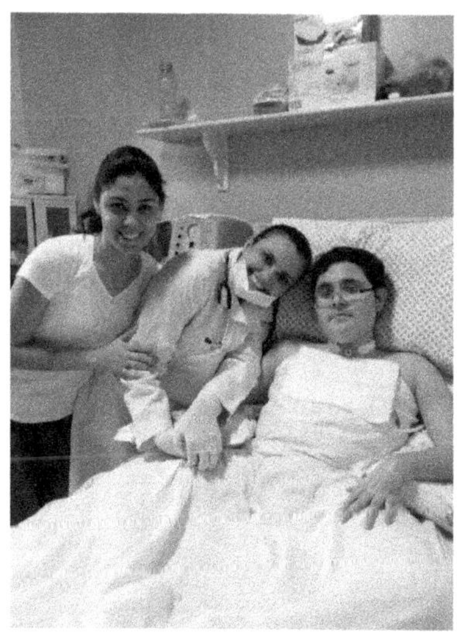

EM CASA NO HOME CARE COM JÉSSICA E A Drª ARLEIDE (FISIOTERAPEUTA).

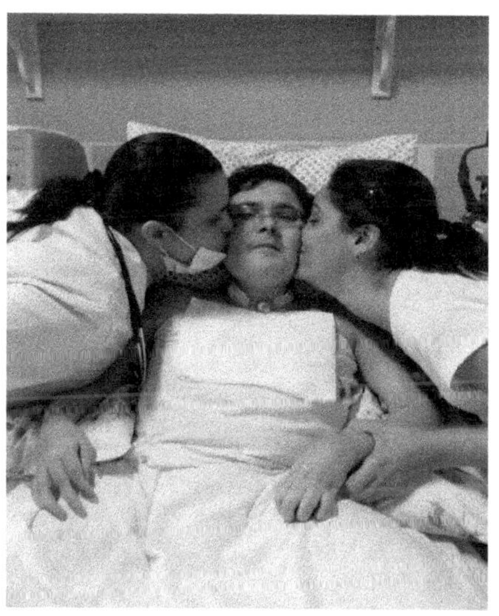

COM OS AMIGOS: GABRIEL, DÉBORA E MARINA

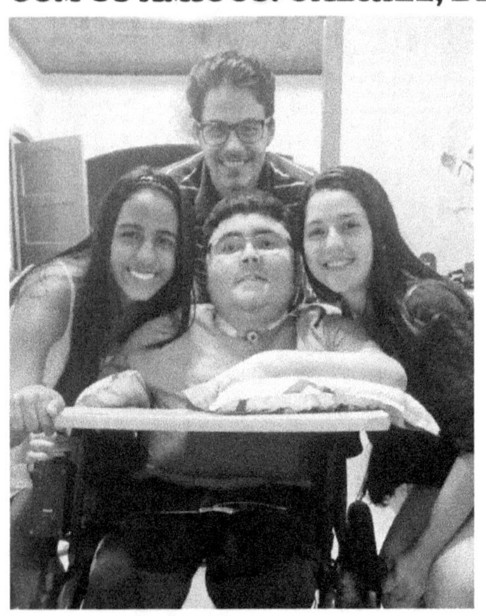

COM OS AMIGOS: MARCO ANTÔNIO E MARCO AURÉLIO

COM O AMIGO YURI

COM O AMIGO YURI

COM A TIA SILVANA

COM A TIA SIMÔA

O MOTOR QUE PAPAI DO CÉU NOS DEU E NOS SUPRIU NAS FALTAS DE ENERGIA.

A DOBLÔ ADAPTADA PARA CADEIRANTE, OUTRO PRESENTE DO NOSSO PAPAI DO CÉU, QUE NOS FACILITOU A VIDA.

CAPA VARIANTE - 1

CAPA VARIANTE - 2

APOIO CULTURAL:

As empresas apoiadoras patrocinaram uma tiragem de 100 exemplares para o lançamento da obra.

VENDAS NAS
PLATAFORMAS

BRASIL

amazon.com.br
https://www.amazon.com.br

EUA

amazon.com
https://www.amazon.com.br

https://www.clubedeautores.com.br

REGISTRO DO LIVRO NA CBL - CÂMARA BRASILEIRA DO LIVRO